不仅会干
更要会说

赛娜◎编著

那些一说就
「加分」的中外

名人名言

黄河出版传媒集团
阳光出版社

图书在版编目（CIP）数据

不仅会干 更要会说：那些一说就"加分"的中外
名人名言 / 赛娜编著. -- 银川：阳光出版社, 2024.1
　　ISBN 978-7-5525-7226-1

　　Ⅰ.①不… Ⅱ.①赛… Ⅲ.①格言 - 汇编 - 世界
Ⅳ.①H033

中国国家版本馆CIP数据核字(2024)第000227号

不仅会干 更要会说——那些一说就"加分"的中外名人名言　　　　赛娜 编著

责任编辑　赵　倩
特约编辑　谭　丽
封面设计　于　芳
责任印制　岳建宁
出版统筹　东方巨名

黄河出版传媒集团
阳 光 出 版 社　出版发行

出 版 人　薛文斌
地　　址　宁夏银川市北京东路139号出版大厦（750001）
网　　址　http://www.ygchbs.com
网上书店　http://shop129132959.taobao.com
电子信箱　yangguangchubanshe@163.com
邮购电话　0951-5047283
经　　销　全国新华书店
印刷装订　三河市宏顺兴印刷有限公司
印刷委托书号　（宁）0028375

开　　本　880 mm×1230 mm　1/16
印　　张　21
字　　数　210千字
版　　次　2024年1月第1版
印　　次　2024年1月第1次印刷
书　　号　ISBN 978-7-5525-7226-1
定　　价　59.80元

前 言

PREFACE

　　名人名言，又被称为格言、箴言、嘉言等，在人类智慧的宝库中，它们就像海中明珠、沙中金砾，等待我们去发掘和利用。阅读名人名言，可以使我们在浮华的现实中获得心灵上的支撑。富有哲理的名人名言，可以激发人们的斗志，指引人们前行。为此，我们从数百册中外典籍中，精心选优，编选了这本《不仅会干　更要会说——那些一说就"加分"的中外名人名言》。

一、名人，自身就是名人名言的热爱者

　　中国有"座右铭"的典故，说的是古人喜欢把能够警诫、提醒或启迪自己的话语，刻成铭文，置于桌上，随时给自己提供教益。唐代大诗人白居易仰慕东汉崔瑗的座右铭，将其"常书屋壁"；南宋抗金名将吴玠喜爱读史书，每每读到对自己有帮助的话语，就"录置座右，积久，墙牖皆格言也"。从《论语》开始，到宋代大思想家朱熹亲自编撰《三朝名臣言行录》，记录他心目中名臣的名言和行为；近代思想家梁启超因钦佩曾国藩，专门编纂《曾文正公嘉言钞》，从曾国藩

的著作中挑选出几百条足以警世的名言来激励和提醒自己。

古希腊哲学史家第欧根尼·拉尔修专门编纂过一部《名哲言行录》，记载了许多古希腊名人的名言和故事，一直流传至今。17世纪法国作家拉罗什福科编纂的名言集《道德箴言录》，至今仍被不少西方人奉为人生圭臬。在古希腊，有人把哲学家赫拉克利特的名言残篇给苏格拉底看。苏格拉底看后说："我理解了的部分是优良的，而且我敢说，我没有理解的部分也是优良的。"

本书在编纂时，吸收了中外先贤名言集的优点，针对当下青年阅读的需求，将全书分为奋进、志向、信念、处世、修养、求知、节操、友情、婚恋、齐家、健康、困厄等12个主题，以期为青年读者成长成材、做人处世、提升认知等提供帮助。

二、读名人名言，是为自己的精神"立法"

我们常说"学以致用"，编纂名人名言集同样要本着这样的原则。如果读者读后得不到一点儿有用的启示，那么这本书就是失败的。

编者在编纂本书时，首先思考了这样一个问题：为什么名言会有这么大的魅力？这是因为名人名言是前人人生经验的总结，是他们思想中的闪光点。名言内涵丰富、富于哲理、发人深省、给人启迪。精选名人名言，并将其奉献到读者面前，是编者的义务。

有句谚语说得好："聪明人的智慧，老年人的经验，都在格言里。"编者的任务，就是从智慧的宝库中挑选出名人名言。因此，本书名言的来源，可以分为三个部分：第一，中国古代典籍；第二，中国近现代名家名作；第三，外国名家名作。这样的选材范围，可以帮助读者最大限度地扩大阅读视野。

苏联作家高尔基有句名言:"在用格言进行的思维中,我学会了很多东西。"名人名言是锻造一个人思维的利器。因此,编者在编纂本书时,坚持"学以致用"的宗旨。就本书选入的名人名言而言,编者希望它们能够给强者以鞭策,给弱者以激励;当人身处逆境时,能带来催人向上的精神力量;当人身处顺境时,能带来保持清醒的告诫;当人遭遇精神内耗时,能指点战胜内耗的方法……

三、摒弃"伪名言",获得真正的启迪

现在,互联网上流传着不少"伪名言"——明明不是某位名人的话,偏偏被算到名人的头上。李白、杜甫、鲁迅、莫言等,许多名人"被名言"成为一种现象。

前不久,莫言不得不发文《这些作品真不是我写的》来澄清辟谣;北京鲁迅博物馆也建立了"鲁迅博物馆资料查询在线检索系统",让网友可以一键查询鲁迅真正说过的话。这些措施,也实在是无奈之举。"伪名言",冒充出自名人之口,违背了诚信的原则,对读者来说是一种欺骗。同时,有的"伪名言"打着名人的招牌,实际上"夹带私货",往往造成谬种流传,贻害无穷。

本书在编纂时,每一条名言均核对了出处,并在该条名言下注明。出自名人单篇文章的,注明了作者名和文章名;出自名人著作的,注明了作者名和书名。这样做,可以使读者清楚地看到每一条名言的出处,并且方便读者进一步查阅全篇文章或著作。

最后,编者真诚地希望,读者能从本书收录的某条名言中,获得一些真正的启迪,让自己的生活更加美好。

目 录
CONTENTS

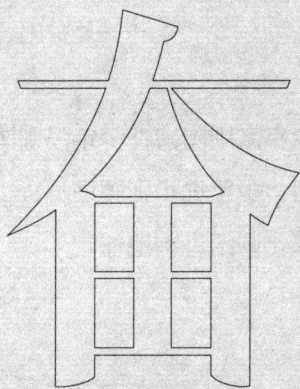

奋
进

PART 01

▼

奋进：莫负青春取自惭

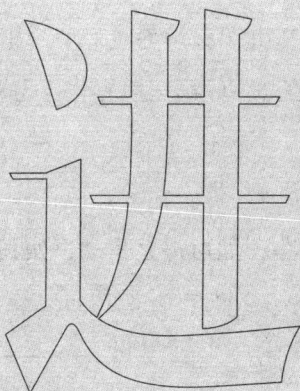

人类要在竞争中求生存，便要奋斗，所以奋斗这一件事是自有人类以来天天不息的。

——孙中山《民权主义·第一讲》

少年智则国智，少年富则国富；少年强则国强，少年独立则国独立；少年自由则国自由；少年进步则国进步；少年胜于欧洲，则国胜于欧洲；少年雄于地球，则国雄于地球。

——梁启超《少年中国说》

青年需要向各方面发展，应该保持他天真活泼进取的态度永远不衰。一切固定性、偏执性、早熟性都是不应有的。

——徐特立《我对于青年的希望》

古今之成大事业、大学问者，罔不经过三种之境界："昨夜西风凋碧树。独上高楼，望尽天涯路。"此第一境界也。"衣带渐宽终不悔，为伊消得人憔悴。"此第二境界也。"众里寻他千百度，回头蓦见，那人正在灯火阑珊处。"此第三境界也。此等语非大词人不能道。

——王国维《人间词话》

青年如初春，如朝日，如百卉之萌动，如利刃之新发于硎，人生最可宝贵之时期也。

——陈独秀《敬告青年》

奋斗乃人生之职，苟安为召乱之媒！

——陈独秀《抵抗力》

愿中国青年都摆脱冷气，只是向上走，不必听自暴自弃者流的话。能做事的做事，能发声的发声。有一分热，发一分光，就令萤火一般，也可以在黑暗里发一点光，不必等候炬火。此后如竟没有炬火：我便是唯一的光。

——鲁迅《随感录四十一》

用秕谷来养青年，是决不会壮大的，将来的成就，且要更渺小。

——鲁迅《由聋而哑》

各奋愚公之愿，即可移山；共怀精卫之心，不难填海。

——蔡锷《劝捐军资文》

我们要永远像早晨出海的太阳，而不要像傍晚将要落山的太阳。

——谢觉哉《干劲！》

为世界进文明，为人类造幸福，以青春之我，创建青春之家庭，青春之国家，青春之民族，青春之人类，青春之地球，青春之宇宙，资以乐其无涯之生。

——李大钊《青春》

青年之文明，奋斗之文明也，与境遇奋斗，与时代奋斗，与经验奋斗。故青年者，人生之王，人生之春，人生之华也。

——李大钊《〈晨钟〉之使命——青春中华之创造》

奋斗是万物之父。

——陶行知《给肖生的信》

人世间，比青春再可宝贵的东西实在没有，然而青春也最容易消逝。最可宝贵的东西却不甚为人所爱惜，最易消逝的东西却在促进它的消逝。谁能够保持得永远的青春的，便是伟大的人。

——郭沫若《〈少年维特之烦恼〉重印感言》

我们说：永久奋斗，就是要奋斗到死。这个永久奋斗是非常要紧的，如要讲道德就应该讲这一条道德。模范青年就要在这一条上做模范。

——毛泽东《永久奋斗》

世界是你们的，也是我们的，但是归根结底是你们的。你们青年人朝气蓬勃，正在兴旺时期，好像早晨八九点钟的太阳。希望寄托在你们身上。

——毛泽东《在莫斯科大学会见中国留学生时的讲话》

哪有斩不掉的荆棘？哪有打不死的豺虎？哪有推不翻的山岳？你只需奋斗着，猛勇地奋斗着，持续着，永远的持续着。胜利就是你的了！胜利就是你的了！

——邓中夏《胜利》

谁都要讲求修养，青年正当发展成长的旺盛时期，尤其要讲求。

——叶圣陶《〈青年修养与青年教育〉序》

真正觉悟的青年，应当舍身到最黑暗的地方；只有最黑暗的地方，需要你们觉悟的光明。

——恽代英《什么地方有较好的学校呢》

一个觉悟的青年，就是一个具有刚健的德性，能为社会福利而求学的青年。

——杨贤江《怎样叫做觉悟的青年》

你们是青年，你们应该要求生之享乐，要求恋爱，但不要忘记：你们的生之享乐，不是从懒惰清凉处得来，是从奋斗与烈火中取得，你们的恋爱是要从血与火的花中发芽；这样方是真乐，方是真爱。

——茅盾《劳动节日联想到的妇女问题》

只有不幸而生于富厚之家，被捧在掌里含在嘴里做活宝贝烘软了骨头的现代青年，才是很不幸地只配在历史的大轮子下被碾成肉泥！

——茅盾《我的中学时代及其后》

不满烦闷，只应该使我们更坚决地向前奋斗；不应该使我们逃避困难，一瞑不视。

——邹韬奋《倾诉》

凡不愿独立地做艰苦工作的人，任何事情也做不好。

——刘少奇《对华北记者团的谈话》

青年人没有不栽几个筋斗的，没有不碰几个钉子的。碰了钉子后，不要气馁。

——周恩来《学习毛泽东》

惟人生赖奋斗而存。

——周恩来《致周恩夔、陆淑珍》

我自然只能当一很小很小无足轻重的小卒，然而始终是积极的奋斗者。

——瞿秋白《"我"》

青年盲目而又不盲目，在平时他不免盲目，但在非常时期他永远是不盲目的。

——闻一多《可怕的冷静》

所幸青年人容易回头，"浪子回头金不换"，不像中年人往往将错就错，一直沉到底里去。

——朱自清《论青年》

青春是人生最有价值的东西，不可任其过去。

——张闻天《王尔德介绍》

相信一个人由青山碧水到了崎岖荆棘的路上，由崎岖荆棘中又到了柳暗花明的村庄，已感到人世的疲倦，在这期内，彻悟了的自然又是一种人生。

——石评梅《寄海滨故人》

青年人，小心一点，凡是使你眼睛放光的，就常常能使你中毒，应该明白这点点！

——沈从文《都市一妇人》

青年是时代的先锋，先锋责任的完成，只有从斗争中锻炼才可以得到。

——陈毅《题赠汤通庆君》

我始终记住：青春是美丽的东西。而且它一直是我的鼓舞的源泉。

——巴金《谈〈家〉》

年轻人永远怀着高飞的雄心，因此哪怕一线的光明和希望也可以鼓舞他们走很远的路程。

——巴金《秋》

青年是宝藏，青年是黄金。宝藏要挖掘，黄金需熔炼。

——臧克家《青年》

时乎时乎不再来！"现在"，始终是稍纵即逝的一刹那。一个人的生命只有一次，玩忽不得。

——华罗庚《时乎时乎不再来》

人生的道路虽然漫长，但要紧处常常只有几步，特别是当人年轻的时候。没有一个人的生活道路是笔直的，没有岔道的，有些岔道口譬如政治上岔道口，个人生活上的岔道口，你走错一步，可以影响人生的一个时期，也可以影响人生。

——柳青《创业史》

青春应该怎样度过？有的如同烈火，永远照耀别人；有的却像荧光，甚至也照不亮自己！不同的生活理想，不同的生活态度，决定一个人在战斗中站的位置。

——吴运铎《把一切献给党》

青春是美丽的。但一个人的青春可以平庸无奇；也可以放射出英雄的火光。可以因虚度而懊悔；也可以用结结实实的步子，走到辉煌壮丽的成年。

——魏巍《年轻人，让你的青春更美丽吧！》

青春的魅力，应当让枯枝长出鲜果，沙漠布满森林。大胆的向往、不倦地思索、一往直前地行进！这才是青春的美，青春的欢乐，青春的本分！

——郭小川《闪耀吧，青春的火光》

青春——人的一生中最美好年岁。它是一个人的生命含苞待放的时期，生机勃发、朝气蓬勃；它意味着进取，意味着上升，蕴含着巨大希望的未知数。

——岑桑《青春寄语》

青春是公平的。她把她的乳汁不光滴在放着猪排的盘子里，同时也挤在煮着野菜汤的铁锅里。她可能更偏袒后者，以致使我们这些穷孩子们变得如此纯洁、善良和多情。

——李准《黄河东流去》

所有的日子，所有的日子都来吧，让我们编织你们，用青春的金线，和幸福的璎珞，编织你们。

——王蒙《青春万岁》

一个人就是一个能源，人的一生就是燃烧，就是能量的充分释放。能量应该发挥出来，燃烧愈充分愈好。

——王蒙《王蒙自述——我的人生哲学》

山溪的理想是海，臭水沟的理想是塘。追求，是人生的一种力量。但追求什么，要慎重，要选择，要思索。星辰虽然能指示方向，但选择方向的还是自己。

——高占祥《人生漫步·谈慎》

青春啊，永远是美好的，可是真正的青春，只属于这些永远力争上游的人，永远忘我劳动的人，永远谦虚的人！

——雷锋《雷锋日记》

青年人对于社会的要求也高，失望也快，却很少注意到，一个成功的中年人或老年人的背后，往往有着许多辛酸血泪的故事。

——三毛《少年愁》

正是在告别幼稚的那个时刻，有的人同时也告别了青春，他的青春在那一天死去，有的人却在那一天开始了他的一生一世的青春，从此能够在他站立的任何地方坚韧地生长了。

——周国平《青春的反抗和自救》

什么是人生？人生就是永不休止地奋斗！只有选定了目标并在奋斗中感到自己的努力没有虚掷，这样的生活才是充实的，精神也会永远年轻！

——路遥《平凡的世界》

我不知道别人为什么活着，我活着的目的很简单：不辜负生命。

——汪国真《人生》

天行健，君子以自强不息。

——《周易·乾》

【释义】天体的运行是强健的，君子要（效法天的品格）积极进取，永不止息。

合抱之木，生于毫末；九层之台，起于累土；千里之行，始于足下。

——〔春秋〕老子《道德经》

【释义】合抱的大树，生长于细小的幼苗；九层的高台，筑起于每一堆泥土；千里的远行，是从脚下第一步开始走出来的。

今日不为，明日忘货，昔之日已往而不来矣。

——〔春秋〕管仲《管子·乘马》

【释义】今天无所作为，明天就没有收成，过去的日子已经过去，是不会回来的。

为者常成，行者常至。

——〔春秋〕晏子，语出《晏子春秋·内篇杂下》

【释义】努力去做的人常常可以成功，勇于前行的人常常可以到达目的地。

士而怀居，不足以为士矣。

——〔春秋〕孔子，语出《论语·宪问篇》

【释义】士人如果贪恋安逸的生活，就没有资格作为士人了。

士不可以不弘毅，任重而道远。

——〔春秋〕曾参，语出《论语·泰伯篇》

【释义】士人不可以不心胸宽广、意志坚强，因为他们肩负重任，道路遥远。

不厚其栋，不能任重；重莫如国，栋莫如德。

——〔春秋〕左丘明《国语·鲁语》

【释义】不加厚（房屋的）栋梁，就不能承受房屋的重量；（对事情来说）最重要的莫过于国事，对于栋梁（人才）来说，最重要的莫过于德行。

博学之，审问之，慎思之，明辨之，笃行之。

——〔汉〕戴圣《礼记·中庸》

【释义】广泛地学习，有针对性地请教，周密地思考，清晰地辨别，然后用学来的知识和思想切切实实地指导实践。

人一能之，己百之；人十能之，己千之。果能此道矣，虽愚必明，虽柔必强。

——〔汉〕戴圣《礼记·中庸》

【释义】他人一分努力能做到的，我用百分努力去做；他人用十分努力做到的，我用千分努力去做。如果真能够这样做，即使愚笨也一定可以变得聪明，即使柔弱也一定可以变得刚强。

故天将降大任于是人也，必先苦其心志，劳其筋骨，饿其体肤，空乏其身，行拂乱其所为，所以动心忍性，曾益其所不能。

——〔战国〕孟子，语出《孟子·告子下》

【释义】因此上天要把重任降临在他身上前，一定要先让他心意苦恼，筋骨劳累，忍饥挨饿，一贫如洗，使他做什么都不能如意。通过这样来让他的心志性情变得坚韧，增加他所不具备的能力。

骐骥一跃，不能十步；驽马十驾，功在不舍。

——〔战国〕荀子，语出《荀子·劝学》

【释义】千里马跳跃一次，不可能跳出十步远；劣马不惜力气地走上十天，也可以到达目的地，这是因为它持之以恒。

壮士不死即已，死即举大名耳，王侯将相宁有种乎？

——〔秦〕陈胜，语出《史记·陈涉世家》

【释义】壮士不死则已，死就要为图谋大事而死。那些王侯将相们，难道天生就比我们高贵吗？

学，然后知不足；教，然后知困。知不足，然后能自反也。

——〔汉〕戴圣《礼记·学记》

【释义】修学后，才知道自己知识的不足；教授后，才知道自己知识困惑的地方。知道了自己的不足，然后才能自我反省。

马不伏历（枥），不可以趋道；士不素养，不可以重国。

——〔汉〕班固《汉书·李寻传》

【释义】马晚上不卧在马槽上吃饱，就没有力气在路上奔跑；士人不注重平素的修养，就不能成为国家的有用之才。

虽其贫贱，使富贵若凿沟伐薪，加勉力之趋，致强健之势，凿不休则沟深，斧不止则薪多，无命之人，皆得所愿，安得贫贱凶危之患哉？

——〔汉〕王充《论衡·命禄》

【释义】他如果贫贱，要得到富贵就犹如挖沟、砍柴那样，勉力向前去做，形成强健的势头，挖沟不停沟就会深，斧砍不止柴就会多，这样没有富贵之命的人，都能得到自己所向往的富贵，又怎么会有贫贱、凶险这样的祸患呢？

古人贱尺璧而重寸阴，惧乎时之过已。而人多不强力：贫贱则慑于饥寒，富贵则流于逸乐，遂营目前之务，而遗千载之功。

——〔三国〕曹丕《典论·论文》

【释义】古人轻视尺许的玉璧而重视一寸的光阴，是担心时光白白流逝而已。很多人不愿努力：贫穷的则害怕饥寒交迫，富贵的则沉溺于安逸之乐，于是只知经营眼前的事务，而放弃能流传千载的功业。

少壮轻年月，迟暮惜光辉。

——〔南北朝〕何逊《赠诸游旧诗》

【释义】年轻时不珍惜岁月的流逝，到老年再珍惜光阴（已来不及了）。

仰天大笑出门去，我辈岂是蓬蒿人。

——〔唐〕李白《南陵别儿童入京》

【释义】我仰面朝天放声大笑着离开家，怎么能做那种长期身处草野之人呢？

长风破浪会有时，直挂云帆济沧海。

——〔唐〕李白《行路难·其一》

【释义】我相信让我乘风破浪的机会一定能到来，到时候我定要扬起征帆，大展宏图！

年少不应辞苦节，诸生若遇亦封侯。

——〔唐〕严维《送薛居士和州读书》

【释义】少年人不应放弃刻苦修学，这样将来有了机遇，才有可能博得封侯之位。

青春虚度无所成，白首衔悲亦何及！

——〔唐〕权德舆《放歌行》

【释义】如果年轻时虚度光阴、一无所成，等到年老的时候，再想弥补也只有追悔莫及了。

业精于勤，荒于嬉，行成于思，毁于随。

——〔唐〕韩愈《进学解》

【释义】修学因勤奋而专精，因玩乐而荒废；德行因勤于思考而有所成就，因随波逐流而毁坏。

荣枯递传急如箭，天公岂肯于公偏？莫道韶华镇长在，发白面皱专相待。

——〔唐〕李贺《嘲少年》

【释义】人生盛衰的转换，就如飞箭般迅捷，上天哪里会对你有所偏私呢？不要觉得花样年华会长久存在，满头白发、满面皱纹就在前面等待你呢。

救烦无若静,补拙莫如勤。

——〔唐〕白居易《偷闲走笔题二十四韵》

【释义】要想解脱烦恼,最好就是让心静下来;要想弥补自己的笨拙,最好的办法就是勤奋。

白日莫闲过,青春不再来。

——〔唐〕林宽《少年行》

【释义】不要让时光白白过去,青春是一去不复返的。

劝君莫惜金缕衣,劝君须惜少年时。花开堪折直须折,莫待无花空折枝。

——〔唐〕杜秋娘《金缕衣》

【释义】劝你不要珍惜那华贵的金缕衣,而是要珍惜你的青春年华。花绽放的时候尽管去折取,不要等到它凋谢了,再去折取空空荡荡的花枝。

少不勤苦,老必艰辛;少能服劳,老必安逸。

——〔宋〕林逋《省心录》

【释义】年轻时不勤劳刻苦,年老后生活一定艰辛;年轻时能吃苦耐劳,年老后日子一定安稳舒适。

忧劳可以兴国,逸豫可以亡身,自然之理也。

——〔宋〕欧阳修《〈新五代史·伶官传〉序》

【释义】忧虑辛劳可以使国家兴盛,安逸享乐可以让自己灭亡,这是自然的道理。

世之奇伟、瑰怪，非常之观，常在于险远，而人之所罕至焉，故非有志者不能至也。

——〔宋〕王安石《游褒禅山记》

【释义】但是世界上那些奇妙雄伟、珍异奇特、非同寻常的景观，常常在那险阻荒僻，少有人到的地方，所以没有志向的人是不能到达那里的。

成人不自在，自在不成人。

——〔宋〕罗大经《鹤林玉露》

【释义】人想有所成就，就不要放任自己；放任自己的人，不会有所成就。

莫等闲，白了少年头，空悲切！

——〔宋〕岳飞《满江红》

【释义】不要虚度年华，等少年黑发变成白发，再悲悲切切地独自悔恨。

白发无凭吾老矣，青春不再汝知乎？年将弱冠非童子，学不成名岂丈夫。

——〔宋〕佘良弼《教子诗》

【释义】我的白发悄然长了出来，我已经老了啊；我的青春不会有第二次，你知道吗？你马上就二十岁了，已经不是小孩子了，如果在学业上不能树立名声，怎么能称得上是大丈夫呢？

自安于弱，而终于弱矣；自安于愚，而终于愚矣。

——〔宋〕吕祖谦《东莱博议·葵邱之会》

【释义】自身安心于弱小，一辈子只能是弱者；自身安心于愚昧，一辈子都会是愚人。

君要花满县，桃李趁时栽。

——〔宋〕辛弃疾《水调歌头·和赵景明知县韵》

【释义】你想要满县开花，就要趁着时机栽下桃李。

人生万事须自为，跬步江山即寥廓。

——〔元〕范梈《王氏能远楼》

【释义】人生在世，一切事情都要靠自己努力方能有所作为，哪怕每次仅仅迈出的是半步，长久积累也能进入一个宽广的境界。

虎之跃也，必伏乃厉；鹄之举也，必拊乃高。

——〔明〕刘基《连珠》

【释义】老虎跳跃前，一定先把身子伏在地上，这样跳跃时才更猛；天鹅起飞前，一定先拍打翅膀，这样飞起来才能更高。

题诗寄汝非无意，莫负青春取自惭。

——〔明〕于谦《示冕》

【释义】我写这首诗给你并非没有用意，是要提醒你不要辜负青春年华，免得将来你会感到惭愧的。

天下之事，因循则无一事可为；奋然为之，亦未必难。

——〔明〕归有光《奉熊分司水利集并论今年水灾事宜书》

【释义】天下的事情，因循保守就没有什么可以做成的；大胆努力去做，也未必就困难。

没有爬不过的高山，没有闯不过的险滩。见异思迁，土堆难翻；专心致志，高峰能攀。

——〔明〕《增广贤文》

【释义】（有志者）没有爬不过的高山，没有闯不过的险滩。见异思迁的人，连小土堆也翻不过去，专心致志的人，就是高山也能攀登。

作气须先鼓，争雄必上游。

——〔清〕顾炎武《上吴侍郎阳》

【释义】要想取得成功，就必须振作勇气、力争上游。

乃知事贵奋，形势非所拘。

——〔清〕归庄《在韭溪草堂阻风雨不能归，主人出元人画〈杀虎图〉观之，因与诸公同赋》

【释义】于是知道做事贵在发奋努力，不要被不利的形势拘束和左右。

丝染无复白，鬓白无重黑。努力爱青春，一失不再得。

——〔清〕施闰章《古意》

【释义】丝绸染黑了就不能再变白，鬓发变白了就不能再变黑。一定要认真珍惜青春时光，它一旦失去就再也不会回来了。

经一番挫折，长一番识见；多一分享用，减一分志气。

——〔清〕申涵光《荆园小语》

【释义】经历一次挫折，就能增长一番见识；多了一分的享受，就会减去一分的志气。

丈夫当为黄鹄举，下视燕雀徒啁啾。

——〔清〕王士祯《采石太白楼观萧尺木画壁歌》

【释义】大丈夫要像黄鹄一样展翅高飞，俯视着那些在地上徒然叽叽喳喳的燕雀。

百金买骏马，千金买美人，万金买高爵，何处买青春？

——〔清〕屈复《偶然作》

【释义】百金能买到骏马，千金能买到美女，万金能买到高官，可是哪里能买到流逝的青春呢？

莫嫌海角天涯远，但肯摇鞭有到时。

——〔清〕袁枚《新正十一日还山》

【释义】不要担心天涯海角太远，只要你肯上路就有到达的时候。

不为圣贤，便为禽兽；莫问收获，只问耕耘。

——〔清〕曾国藩《曾国藩日记》

【释义】你要不去追求高尚圣贤，那么就是禽兽；不要问将来能获得什么，现在放手去做就是了。

奋发图强往往胜过恃才自满。

——〔古希腊〕伊索《伊索寓言》

如果没有勤奋，没有机遇，没有热情的提携者，人就是再有天才，也只能默默无闻。

——〔古罗马〕小普林尼《书信录》

每一种习惯或能力的养成和加强，都必须经过相应的行动：爱走就该走，爱跑就得跑。如果你想成为一个好读者，就得多读；如果你想成为一个好作家，就得勤写。

——〔古罗马〕爱比克泰德《演说集》

被征服的人只有一条活路，那就是不要希望有活路。

——〔古罗马〕维吉尔《埃涅阿斯纪》

这样的道理是不可怀疑的：你不肯吃苦就得不到财富，你不肯冒险就打不倒敌人，你不去撒种就没有收获。

——〔古波斯〕萨迪《蔷薇园》

人若把一生的光阴虚度，便是抛下黄金未买一物。

——〔古波斯〕萨迪《蔷薇园》

我现在已是个老太婆，一想起当年青春虚度，虽然明知后悔无益，可总是说不出的悲痛。

——〔意大利〕薄伽丘《十日谈》

口头的推测不过是一些悬空的希望，实际的行动才能够产生决定的结果。

——〔英国〕莎士比亚《麦克白》

一棵质地坚硬的橡树，即使用一柄小斧去砍，那斧子虽小，如砍个不停，终必把树砍倒。

——〔英国〕莎士比亚《亨利六世下篇》

如果自己的青春放不出光彩，任何东西都会失去魅力。

——〔英国〕霍勒斯·华尔浦尔《致乔治·蒙塔古的信》

即使青春是一种错误，也是一种迅速得到纠正的错误。

——〔德国〕歌德《歌德的格言和感想集》

我们的忠言是：每个人都应该坚持走他为自己开辟的道路，不被权威所吓倒，不受行时的观点所牵制，也不被时尚所迷惑。

——〔德国〕歌德《歌德的格言和感想集》

我们应当努力奋斗，有所作为。这样，我们就可以说，我们没有虚度年华，并有可能在沙滩上留下我们的足迹。

——〔法国〕拿破仑·波拿巴《给内政部长的信》

但我要特别呼吁青年的精神，因为青春是生命中最美好的一段时间，尚没有受到迫切需要的狭隘目的系统的束缚，而且还有从事于无关自己利益的科学工作的自由。

——〔德国〕黑格尔《小逻辑》

不管你能活多久，开头的二十年是你人生的一大半。

——〔英国〕罗伯特·骚塞《医生》

别跟我谈论什么故事里的伟大的人名，我们青春的岁月是我们最光辉的时辰；甜蜜的二十二岁所得到的常春藤和桃金娘，胜过你所有的桂冠，无论戴得多么辉煌。

——〔英国〕拜伦《写于佛罗伦萨至比萨途中》

青春是人生最快乐的时光，但这种快乐往往完全是因为它充满着希望。

——〔英国〕托马斯·卡莱尔《席勒》

一个年轻人的贫穷从来不是悲惨的。小伙子不管多么贫困，他的健康、力量、健步如飞、炯炯的目光、热血流动、乌黑的头发、鲜嫩的脸颊、殷红的嘴唇、洁白的牙齿、纯净的呼吸，总是令老皇帝嫉羡。

——〔法国〕维克多·雨果《悲惨世界》

让青春反抗老朽，长发反抗秃头，热情反抗陈腐，将来反抗往昔，这是多么自然！

——〔法国〕热拉尔，语出《雨果传》

井下的植物从未见过太阳，可它们却在梦里想它，猜度它在何方，并且还奋力向上攀登去找它。

——〔英国〕罗伯特·勃朗宁《佩拉塞尔萨斯》

说人们应该对平静感到满足，这是徒然的；人们总得有行动，即使找不到行动，也得创造行动。

——〔英国〕夏洛蒂·勃朗特《简·爱》

从不自满，决不服输，不断地追求和好奇；昨天是那样，今天还是那样。战斗不息，战斗不息。

——〔美国〕惠特曼《人生》

正确的道路是这样：吸取你的前辈所做的一切，然后再往前走。

——〔俄国〕列夫·托尔斯泰《俄国文学史》

一个真正的哲人舍不得轻轻放过每一个做事的机会，认为少做一件事就是损失一点力量。行动是原料，智力用这原料塑成华美的物品。将经验化为思想，这也是一个奇异的过程，像把一片桑叶化为软缎。

——〔美国〕爱默生《爱默生文选》

高贵存在那深具自信，且自行追求高贵灵魂的人身上，并非庸俗的人所能求，也非庸俗的肉眼所能见，更不是庸俗者所能否定的。

——〔德国〕尼采《善恶的彼岸》

人必须创造自己的事业，开辟一条道路，否则就会死气沉沉，被别人拖着走。

——〔美国〕西奥多·德莱塞《巨人》

没有奋争，人生便寂寞难忍。回首往事，看不出有多大作为，即使在我们年华方富的时候，人生也无法将我们的心灵宽慰。我必须行动，真是满心希望能使每个日子都不朽长存，就像伟大英雄不衰的英灵，我简直不解休息要它何用。

——〔俄国〕莱蒙托夫《一八三一年六月十一日》

青春是唯一值得拥有的东西。

——〔英国〕奥斯卡·王尔德《道林·格雷的画像》

别虚掷你的寸金光阴吧，别去听无聊的话，别试图补救无望的过去，别在愚昧、平庸和猥琐的事上消磨你的生命，这些东西都是我们这个时代病态的目标和虚假的理想。生活吧！过属于你的奇妙的生活！点滴都别浪费。

——〔英国〕奥斯卡·王尔德《道林·格雷的画像》

脚跟立定以后，你必须拿你的力量和技能，自己奋斗。

——〔英国〕萧伯纳《圣女贞德》

青春的精神是点铁成金的奇异的宝石。

——〔印度〕泰戈尔，语出《泰戈尔评传》

缺乏理想的现实主义是毫无意义的，脱离现实的理想主义是没有生命的。

——〔法国〕罗曼·罗兰《先驱者们》

让整个一生都在追求中度过吧，那么在这一生里必定会有许多顶顶美好的时刻。

——〔苏联〕高尔基《时钟》

一个人与其在别人指点下规规矩矩行事，还不如让他自己去闯闯，出点差错，反能获得更多的教益。

——〔英国〕毛姆《人生的枷锁》

无论哪个时代，青年的特点总是怀抱着各种理想和幻想。这并不是什么毛病，而是一种宝贵的品质。

——〔苏联〕加里宁《论共产主义教育和教学》

岁月流逝，青春的美酒并不总是清澈的，有时它会变得混浊。

——〔瑞士〕卡尔·荣格《人生各阶段》

在任何一块土地上挖掘，你都会找到珍宝，不过你必须以农民的信心去挖掘。

——〔黎巴嫩〕纪伯伦《沙与沫》

最富与最穷的人的差别，只在于一整天的饥饿和一个钟头的干渴。我们常常从我们的明天预支了来偿付我们昨天的债务。

——〔黎巴嫩〕纪伯伦《沙与沫》

我常常感到坐等是危险的，如果你坐等，你要的东西只会离你越来越远。

——〔英国〕曼斯菲尔德《稚气可掬，但出于天然》

我虽力量有限，孤立无援，但正因为如此，我才必须爬上顶峰，不能后退。

——〔法国〕夏尔·戴高乐《战争回忆录》

人是生活在时间之中，生活在不断的连续之中。那些精神贫乏的人都是可怜虫，他们生活在世界上和躺在坟墓里并没有什么两样。

——〔阿根廷〕博尔赫斯《南方》

生活赋予我们一种巨大的和无限高贵的礼品，这就是青春：充满着力量，充满着期待、志愿，充满着求知和斗争的志向，充满着希望、信心的青春。

——〔苏联〕奥斯特洛夫斯基《勇气产生在斗争中》

青春这玩意儿真是妙不可言，外部放射出红色的光辉，内部却什么也感觉不到。

——〔法国〕萨特《自由之路》

谁在梦想中崇敬光明，光明便向他祝福，为他降临。

——〔突尼斯〕艾卡·沙比《生的意志》

未考虑生活中的"倘使……将会怎样"，就会寸步难行。

——〔美国〕尼克松《领袖们》

志

PART 02

▼

志向：为我的人生导航

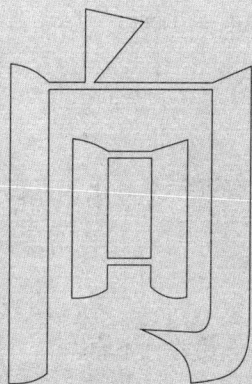

向

凡职业无论大小，官阶无论高卑，若不能立志，虽做皇帝，做总统，亦无事可做；若能立志，则虽做一小官，做一工人，亦足以成大事。

——孙中山《在浙江督军吕公望欢迎宴会的演说》

吾人作事，当向最上处立志，但必以最低处为基础。

——孙中山《在沪举办茶话会上的演说》

理想者，人之希望，虽在其意识中，而未能实现之于实在，且恒与实在者相反，及此理想之实现，而他理想又从而据之，故人之境遇日进步，而理想亦随而益进。

——蔡元培《理想论》

人生之目的在于实现其理想。而理想者久大者也，包含人、我，包含个人、社会、国家，包含人类全体，包含古今，包含过去、现在、未来。欲实现此久大之理想，固非一手一足所能为力，亦非一朝一夕之所能为功。故实行尤必继之以坚忍，始能竟实行之功也。

——杨昌济《告学生》

男儿志兮天下事，但有进兮不有止，言志已酬便无志。

——梁启超《志未酬》

古人却向书中见，男子要为天下奇。

——黄兴《赠陈家鼐对联》

画工须画云中龙，为人须为人中雄。

——秋瑾《赠蒋鹿珊先生言志且为他日成功之鸿爪也》

设无志者也，则飘萍靡定终无所成，与禽兽何异？舟之浮海，行必有方，使无准的，达岸何时？

——张伯苓《毕业班赠言》

丈夫落魄纵无聊，壮志依然抑九霄。非同泽柳新梯弱，偶受春风即折腰。

——徐特立《言志》

理想必须要人们去实现它。这就不但需要决心和勇敢，而且需要知识。

——吴玉章《为了祖国，好好学习》

凡事以理想为因，实行为果，既莳厥种，乃亦有秋。

——鲁迅《〈月界旅行〉辨言》

人类总有一种理想，一种希望。虽然高下不同，必须有个意义。自他两利固好，至少也得有益本身。

——鲁迅《我之节烈观》

立志须存千载想，闲谈无过五分钟。

——沈钧儒《赠方学武联》

学者无天下之志，即是无为己之志。

——林伯渠《林伯渠日记》

白首壮志驯大海，青春浩气走千山。

——林伯渠《祝贺建国十周年》

青年啊！你们临开始活动以前，应该定定方向。比如航海远行的人，必先定个目的地，中途的指针，总是指着这个方向走，才能有达到那目的地的一天。若是方向不定，随风飘转，恐怕永无达到的日子。

——李大钊《现代青年活动的方向》

人生最高之理想，在求达于真理。

——李大钊《真理之权威》

垣上离离草，迎风左右飘。若无松柏志，超越不为高。

——郭沫若《亚太和筹备期中有赠》

志者，吾有见夫宇宙之真理，照此以定吾人心之所之之谓也。

——毛泽东《致黎锦熙信》

为有牺牲多壮志，敢教日月换新天。

——毛泽东《七律·到韶山》

真正的志愿不是选择什么职业，而是和树立什么人生观联系在一起的。

——宋庆龄《把培养革命后代的责任担当起来》

人生而无理想，人生值不得生活；人生而有理想，非有相当的疑，非有相当的作，非有相当的求，必不会趋近而实现。

——张申府《所思》

真正的"理想"是从现实"升华"，从"现实"出发。撇开了"现实"而侈言"理想"，则所谓"讴歌"将只是欺诳，所谓"慰问"将只是揶揄。

——茅盾《冰心论》

惟愿今日立志，即刻立志，下勇猛之力，作实在功夫耳。

——恽代英《恽代英来鸿去燕录》

志气太大，理想太多，事实迎不上头来，结果自然是失望烦闷；志气太小，因循苟且，麻木消沉，结果就必至于堕落。

——朱光潜《谈立志》

所谓真正立志，不仅要接受现在的事实，尤其要抓住现在的机会。如果立志要做一件事，那件事的成功尽管在很远的将来，而那件事的发动必须就在目前一顷刻。想到应该做，马上就做，不然，就不必发下一个空头愿。

——朱光潜《谈立志》

志在四方。

愿相会于中华腾飞世界时。

——周恩来《题词书赠郭思宁》

任何境遇不能妨害一个有志者的进步。

——田汉《一个精忠的音乐战士》

理想虽是建筑在现（实）社会的物质基础之上，但理想是超过现实社会的东西。理想好比泥土中生长出来的花。它虽（生）长在泥土中，但又不是泥土。

——张闻天《论青年的修养》

我们如果没有理想，我们的头脑将会陷入昏沉，我们如果不从事劳动，我们的理想又怎样实现？

——陈毅《赠郭沫若同志》

在一个人用理想来指导他的行为的时候，也就是他发挥他最高的灵性以实现其自身的时候。

——贺麟《文化与人生》

人云百年树人，我知终身树志。志在何方，终身见之；志在何事，终身行之；志可有节，困难试之；志可有价值，大评议之；志为立身之本，事业之本，人生要有意义，志在脑中不可须臾辞也。

——申耀东《给爱人的信》

世界无难事，只畏有心人。有心之人，即其立志之坚也，立志坚则不畏事之不成。

——任弼时《言志》

年轻人永远怀着高飞的雄心，因此哪怕一线的光明和希望，也可以鼓舞他们走很远的路程。

——巴金《秋》

理想不抛弃苦心追求的人，只要不停止追求，你们就会沐浴在理想的光辉之中。不用害怕，不要看轻自己，你们绝不是孤独的！

——巴金《致十个寻找理想的孩子》

为了理想采取一种生活态度，并且具有信心，受到什么样的折磨也不更改，可是在饥寒交迫，这种信心无法维持时，信心发生动摇，而经过一度思索，仍然坚持下去，在这决断的一瞬间，显示出崇高的人生的意义。

——冯至《决断》

除非是不可救药的白痴，除非是失了知觉的病废，每个人生长在活的历史河流里，总该有一定的理想来滋润他的生活。

——李平心《理想和现实》

"千里之行，始于足下"，在开始的时候，就得有个盘算，才不致"失之毫厘，谬以千里"。所以，理想问题，对每一个人来说，都是一个重要的问题。

——陶铸《崇高的理想》

男儿壮志拓八荒，焉能燕雀守栋梁。揭地掀天为事业，翻江倒海写文章。

——宋铁岩《诗三首·其一》

理想亦实有其力量，理想能激励人的勇气，巩固人的意志，使人能做无理想的人所不能做的。巨大的逆阻艰险之克服，唯有理想的人方能任之。

——张岱年《人与世界——宇宙观与人生观》

理想使现实透明，美好的憧憬使生命充实，而人类也就有所寄托，使历史随岁月延续于无穷。

——柯灵《浮尘》

雄心壮志只能建立在踏实的基础上，否则就不叫雄心壮志。雄心壮志需要有步骤，一步步地，踏踏实实地去实现，一步一个脚印，不让它有一步落空。

——华罗庚《学与识》

任何人都不能没有志向；任何人为了实现自己的志向，又都不能没有相当的气魄。

——邓拓《说志气》

"人贵立志，学贵以恒。"立了志，我们学习起来才有动力，才有毅力，才会发奋，才会持之以恒。

——钱伟长《教师在学术上应有见解、有建树》

大凡志士，必能高瞻远瞩，孤往绝诣，冲破世俗的罗网，而不为礼数所绳囿，以完成人类的事业。

——唐弢《处世小言》

不要把浮泛的奢想，错当做切实的、真正的希望之光。不要把廉价的，甚至是骗人的高调，当做真正的革命的理想。

——秦兆阳《希望》

有了理想就等于有了灵魂。

——吴运铎《让植根于现实的理想闪闪发光》

自古能成功成名的无一不是靠着理想和抱负，没有·个庸才能靠人事关系而名垂青史的。

——罗兰《罗兰小语》

人人会走路，但不一定都能走上正路。人人都有理想，但不同的理想会引向不同的路。光明的路只有一条，那是要靠崇高的理想来照亮的。

——蓝翎《沿着茅公的路》

志向一经确定就不再是幻想梦境，而是巨大的实践，是一系列问题的挑战与应答，是沉重如山的劳务。

——王蒙《我怎样决定了自己的一生》

志，是人的精神支柱。有了远大的志向，才能赢得灿烂的人生。所以，人贵立志，立志当高远。

——高占祥《人生漫步》

不经风雨，长不成大树；不受百炼，难以成钢，迎着困难前进，这也是我们革命青年成长的必经之路，有理想有出息的青年人必定是乐于吃苦的人。

——雷锋《雷锋日记》

理想不是一只细瓷碗，破碎了不能够补；理想是朵花，谢落了可以重新开放。

——刘心武《饱猫闲话》

只要是理想，里面就暗含着侥幸。侥幸心稍一美化就成为理想，完全没有侥幸也就不会有理想，完全没有侥幸就意味完全没有偶然。

——朱苏进《感觉人生》

理想就是人的灵魂深处激励人向前的声音。

——王久辛《久辛说辞》

君子以致命遂志。

——《周易·困》

【释义】君子（当困穷之时）宁可舍弃生命，也要实现崇高的理想。

功崇惟志，业广惟勤。

——《尚书·周书·周官》

【释义】能够建立崇高的功勋，是由于有远大的志向；能够取得伟大的功业，是由于勤勉地奋斗。

三军可夺帅也，匹夫不可夺志也。

——〔春秋〕孔子，语出《论语·子罕》

【释义】军队的统帅可以改变，但即便是普通人，他的志向也是不能被改变的。

志不强者智不达，言不信者行不果。

——〔战国〕墨子，语出《墨子·修身》

【释义】志向不坚定的人，智慧也不会发挥；言语不诚实的人，做事不会有结果。

吞舟之鱼，不游枝流；鸿鹄高飞，不集汙池。何则？其极远也。

——〔战国〕杨朱，语出《列子·杨朱篇》

【释义】能吞没船只的大鱼，不在支流小河中游玩；鸿鹄在高空飞翔，不会在肮脏的水池栖息。为什么？因为它们的志向极其远大。

宁昂昂若千里之驹乎，将泛泛若水中之凫，与波上下，偷以全吾躯乎？

——〔战国〕屈原《卜居》

【释义】宁可像志行高远的千里驹呢，还是像水面浮游的野鸭那样，靠着随波逐流而保全自身呢？

无冥冥之志者，无昭昭之明；无惛惛之事者，无赫赫之功。

——〔战国〕荀子，语出《荀子·劝学》

【释义】没有高远的志向，就不会有显著的智慧；不能专心苦干一番，就不会有显赫的功绩。

是以志之难也，不在胜人，在自胜也。故曰："自胜之谓强。"

——〔战国〕韩非《韩非子·喻老》

【释义】因此立志的困难，不在于胜过别人，而在于战胜自己。所以说能战胜自我的就叫作"强"。

燕雀安知鸿鹄之志哉?

——〔秦〕陈胜，语出《史记·陈涉世家》

【释义】燕雀怎么能理解鸿鹄的远大志向呢?

古之君子，守道以立名，修身以俟时，不为穷变节，不为贱易志。

——〔汉〕桓宽《盐铁论·地广》

【释义】古代的君子，坚守正道以树立声望，修养自己以等待时机。不会因为贫穷而放弃气节，不会因为低贱而改变志向。

有志者，事竟成。

——〔汉〕刘秀，语出《后汉书·耿弇传》

【释义】有志向的人，事业常常能成功。

老骥伏枥，志在千里。烈士暮年，壮心不已。

——〔汉〕曹操《步出夏门行·龟虽寿》

【释义】老马卧在槽头之下，仍有日行千里的志向；有远大志向的人到了晚年，奋发进取的雄心也不会止息。

夫志当存高远，慕先贤，绝情欲，弃疑滞，使庶几之志，揭然有所存，恻然有所感。

——〔三国〕诸葛亮《诫外甥书》

【释义】要树立远大的志向，追慕先贤，节制情欲，抛开疑难困惑的羁绊，使自己发奋成才的志向，显露崛起而有所依存，在自己内心深深引起震撼。

丈夫志四海，万里犹比邻。

——〔三国〕曹植《赠白马王彪·并序》

【释义】大丈夫要有纵横四海的志向，即使远隔万里也像是比邻而居。

男儿当门户，堕地自生神。雄心志四海，万里望风尘。

——〔晋〕傅玄《豫章行苦相篇》

【释义】男子汉要顶立门户，生下来就被重视。他要树立志在四方的雄心，期待有一天驰骋万里，建功立业。

志坚者，功名之柱也。登山不以艰险而止，则必臻乎峻岭。

——〔晋〕葛洪《抱朴子·广譬》

【释义】意志坚强者，名字才能刻到功名之柱上。登山的人不因为艰险就停下来，就一定能翻越险峻的山峰。

刑天舞干戚，猛志固常在。

——〔晋〕陶渊明《读山海经·其十》

【释义】刑天挥舞着盾和斧，刚毅的斗志始终存在。

人生不得行胸怀，虽寿百岁，犹为夭也。

——〔南北朝〕萧惠开，语出《宋书·萧惠开传》

【释义】人生在世，如果不能施展自己的志向抱负，即使活上一百岁，也还算是早夭。

老当益壮，宁移白首之心；穷且益坚，不坠青云之志。

——〔唐〕王勃《滕王阁序》

【释义】年纪虽然老去，也不能在头发花白时改变心志；境遇虽然困苦，但凌云壮志却一点不能抛弃。

虽长不满七尺，而心雄万夫。

——〔唐〕李白《与韩荆州书》

【释义】我的身高尽管还不满七尺，可我的志向超过万人。

寄言燕雀莫相唁，自有云霄万里高。

——〔唐〕李白《观放白鹰二首》

【释义】我告诉你们那些燕雀不要聒噪，我迟早会飞上万里云霄。

中夜兀然坐，无言空涕洟。丈夫志气事，儿女安得知?

——〔唐〕吕温《偶然作二首》

【释义】半夜忽然坐了起来，默默地流泪。大丈夫的志向抱负，儿女们怎么理解？

治天下者，必先立其志。正志先立，则邪说不能移，异端不能惑。

——〔宋〕程颢《论王霸札子》

【释义】治理天下的人，一定要先立定志向。先有了正确的志向，那么异端邪说就不能动摇他的心志和迷惑他的心性。

古之立大事者，不惟有超世之才，亦必有坚忍不拔之志。

——〔宋〕苏轼《晁错论》

【释义】自古以来凡是做大事业的人，不仅有出类拔萃的才能，也一定有坚韧不拔的意志。

莫为婴儿之态，而有大人之器；莫为一身之谋，而有天下之志；莫为终身之计，而有后世之虑。

——〔宋〕谢良佐《戒庵老人漫笔》

【释义】不要有幼稚软弱的姿态，而是要培养男子汉的气度；不要为自身谋求前途，而是要树立为天下人谋求的志向；不要只为自己谋划终身事业，而是要思虑后世子孙的祸福。

纵使岁寒途远，此志应难夺。

——〔宋〕李纲《六么令·次韵和贺方回金陵怀古鄱阳席上作》

【释义】虽然环境险恶困难重重，但仍要像岁寒的松柏那样不畏冰雪，始终保持志向不移。

士之所以能立天下之事者，以其有志而已。然非才则无以济其志，非术则无以辅其才，是以古之君子未有不兼此三者，而能有为于世者也。

——〔宋〕朱熹《通鉴室记》

【释义】士人之所以能够担负天下大事，是因为他们坚定了志向。然而没有才能就无法帮助他实现志向，没有权术就无法帮助他有才能，因此古代的君子们把这三者兼而有之，才能在他们的时代有所作为。

父子共读忘朝饥，此生有尽志不移。

——〔宋〕陆游《诵书示子聿》

【释义】父子一起读书而忘掉了饥饿，生命有结束的时候，但志向却至死不会改变。

立志在坚不在锐，成功在久不在速。

——〔宋〕张孝祥《论治体札子》

【释义】立志在于坚定而不在于锋锐，成功在于坚持而不在于求快。

天资极有过人处，而大志不立，未免同乎污世，合乎流俗。

——〔宋〕陆九渊《与王顺伯》

【释义】天分有极大超出常人的地方，但是不能立下高远志向，也难免与恶劣风气、污浊世道同流合污。

必有天下之大志，而后能立天下之大事。

——〔宋〕陈亮《陈亮集》（旧称《龙川文集》）

【释义】一定要有胸怀天下的大志向，然后才能成就天下的大事。

男子千年志，吾生未有涯。

——〔宋〕文天祥《南海》

【释义】男子汉要胸怀远大志向，奋斗一生也不算完结。

士之所患者，志不立，道不明，不敢计其时与位也。

——〔元〕揭傒斯《上李秦公书》

【释义】士人之所以忧患，是因为没有立下志向，没能明白大道，不敢对时势与自己的追求作出判断。

人生各有志，况乃身践之。

——〔明〕刘基《咏史〔二十一首〕》

【释义】人各自有各自的志向，何况还能亲身践行它。

志不立，如无舵之舟，无衔之马，漂荡奔逸，终亦何所底乎。

——〔明〕王阳明《教条示龙场诸生》

【释义】没有立志的人，就像没有舵的船，没有马嚼子的马一样，到处飘荡，四下奔跑，不知道最终要到什么地方去。

立志用功，如种树然：方其根芽，犹未有干；及其有干，尚未有枝；枝而后叶，叶而后花实。初种根时，只管栽培灌溉，勿作枝想，勿作叶想，勿作花想，勿作实想，悬想何益？但不忘栽培之功，怕没有枝叶花实？

——〔明〕王阳明《传习录》

【释义】立志下功夫，就好像是种树。树刚刚生根发芽，还没长出树干；等长出树干，还没有长出枝条，长出枝条后再长出叶子，长出叶子后才会开花和结果。刚刚种下根的时候，（我们）只管栽培灌溉（就可以了），不要空想着树枝，不要空想着树叶，不要空想着开花，不要空想着果实。空想有什么益处啊？只要不忘栽培的功夫，还怕长不出树枝、树叶、花朵、果实？

把意念沉潜得下，何理不可得？把志气奋发得起，何事不可做？

——〔明〕吕坤《呻吟语》

【释义】如果能使意念沉稳，任何事理都能通达。如果有志气奋发，任何难事都能成功。

志者，气之帅也。此志一提醒，如大将登坛，三军听命，更何众欲纷扰之有？

——〔明〕张岱《四书遇·论语》

【释义】"志"是"气"的统帅。人的志一经觉醒，就像大将登上拜帅坛，三军都要听从他的命令，哪里还会有各种欲望的干扰呢？

立志之始，在脱习气。习气熏人，不醪而醉。

——〔清〕王夫之《示子侄》

【释义】一个人开始立志，首先就要摆脱庸俗习气。习气对于人的熏陶，使人像闻到醇厚的酒气，不喝就已经醉了。

志不真则心不热，心不热则功不紧。

——〔清〕颜元《颜习斋先生言行录·杜生》

【释义】志向不真诚，内心就没有激情，内心缺乏激情，做事就不会紧迫。

少年立志要远大，持身要紧严。立志不高，则溺于流俗；持身不严，则入于匪辟。

——〔清〕张履祥《初学备忘》

【释义】少年人立定志向要远大，对自身的把握要严谨。立志不高远，就会沉溺在流行的风气中；对自己的把握不严谨，则会堕落到邪路上去。

志之所趋，无远勿届，穷山复海，不能限也；志之所向，无坚不入，锐兵精甲，不能御也。

——〔清〕金缨《格言联璧》

【释义】在心志的驱动下，不论多么遥远的地方也能到达，即使是众多山脉和无垠大海，也无法阻止；心志所指向的，没有什么坚固的东西能够阻止，即使有精锐的武器和精良的铠甲，也不能抵御。

志之所向，金石为开，谁能御之？

——〔清〕曾国藩《曾国藩家书》

【释义】志向坚定的人，金石都能为之开裂，有谁能够阻挡他呢？

士人读书，第一要有志，第二要有识，第三要有恒。有志，则断不甘为下流。有识，则知学问无尽，不敢以一得自足，如河伯之观海，井蛙之窥天，皆无识者也。有恒则断无不成之事。此三者缺一不可。

——〔清〕曾国藩《曾国藩家书》

【释义】读书人读书学习，第一要立定志向，第二要有见识，第三要有恒心。有志向，就肯定不会自甘下流，那么就会知道学问没有尽头，不敢学到一点就自我满足，像河伯看大海，井底之蛙看天，都是没有见识啊。有恒心，就肯定不会有做不成的事情。这三者是缺一不可的。

如果你志在最高处，那么即使滞留在第二高处甚至第三高处，也并不丢脸。

——〔古罗马〕西塞罗《论演说家》

有人活着没有任何目标。他们在世间行走，就像河中的一棵小草，他们不是行走，而是随波逐流。

——〔古罗马〕塞涅卡《塞涅卡道德书简》

不要目光短浅，它会给你带来损失。

——〔古波斯〕昂苏尔·玛阿里《卡布斯教诲录》

凡立志成大事之人，心中纵有难以割弃且无以自安之事，亦宜立即撒手了之。

——〔日本〕吉田兼好《徒然草》

灵魂如果没有确定的目标，它就会丧失自己。因为，俗语说得好，无所不在等于无所在。

——〔法国〕蒙田《论闲逸》

人的价值存在于他的心灵和意愿之中，在心灵和意愿当中有他的荣誉。

——〔法国〕蒙田《论吃人的人》

最糟糕的是人们在生活中经常受到错误志向的阻碍而不自知，直到摆脱了那些阻碍时才明白过来。

——〔德国〕歌德，语出《歌德谈话录》

就最高目标本身来说，即使没有达到，也比那完全达到较低的目标，要更有价值。

——〔德国〕歌德《歌德的格言和感想集》

现实是此岸，理想是彼岸，中间隔着湍急的河流，行动则是架在河上的桥梁。

——〔俄国〕克雷洛夫《克雷洛夫寓言》

理想在我们自己，同时阻碍理想实现的种种障碍也在我们自身。

——〔英国〕托马斯·卡莱尔《衣裳哲学》

人的理想粉碎迷信，而人的感情也将摧毁利己主义。

——〔德国〕海涅《论浪漫派》

我们对抱有理想的人是非常尊重的，因为他们的精神产生一种魅力；但是他们还需要有意志，否则理想也就成了一句空话。

——〔法国〕巴尔扎克《乡村医生》

让自己的内心藏着一条巨龙，既是一种苦刑，也是一种乐趣。

——〔法国〕雨果《笑面人》

理想就是人在不断前进中所追求的坚定不移的范本。

——〔法国〕雨果《莎士比亚论》

我们命定的目标和道路不是享乐，也不是受苦，而是行动，在每个明天都超越今天，跨出新步。

——〔美国〕亨利·朗费罗《人生礼赞》

没有理想，即没有某种美好的愿望，也就永远不会有美好的现实。

——〔俄国〕陀思妥耶夫斯基《死屋手记》

立志、工作、成功是人类活动的三大要素。立志打开通向光辉幸福的成功之门户，工作是登堂入室的旅程。

——〔法国〕巴斯德，语出《巴斯德》

不要陷入眼前的琐碎事务而不能自拔，而要在自己心中培养对未来的理想，因为理想是一种特殊的阳光，没有阳光赋予生命的作用，地球会变成石头。

——〔俄国〕萨尔蒂科夫－谢德林《波谢洪尼耶遗风》

理想是指路明灯。没有理想，就没有坚定的方向；没有方向，就没有生活。

——〔俄国〕列夫·托尔斯泰《托尔斯泰最后的日记》

人在运动中，总要为那种运动设想一个目的。为了能走一千俄里，他必须想象，在那一千俄里的尽头，有一种好事情等待他。为了取得前进的力量，我们就必须怀抱达到一个乐土的希望。

——〔俄国〕列夫·托尔斯泰《战争与和平》

我们的事业是神圣的，正义的，它绝不会随着我们的牺牲而灭亡。在走向胜利的道途中，我们必须流洒不少的鲜血，伟大的理想只有经过忘我的斗争和牺牲才能胜利实现。

——〔意大利〕乔万尼奥里《斯巴达克思》

一个志向高远的人，不仅要超越他的行为和判断，甚至也要超越公正本身。

——〔德国〕尼采《快乐的科学》

有生命力的理想决不能像钟表一样，精确计算它的每一秒钟。坚信自己理想的人，必须在挫折和失败中去检验理想的真理性，这些挫折和失败会引诱他们脱离他们的道路。

——〔印度〕泰戈尔《我的学校》

理想失去了，青春之花也便凋零了，因为理想是青春的光和热。
——〔法国〕罗曼·罗兰《约翰·克利斯朵夫》

缺乏理想的现实主义是毫无意义的，脱离现实的理想主义是没有生命的。

——〔法国〕罗曼·罗兰《先驱者》

我相信我们应该在一种理想主义中去找精神上的力量，这种理想主义要能够不使我们骄傲，而又能够使我们把我们的希望和梦想放得很高。

——〔法国〕居里夫人，语出《居里夫人传》

当大自然剥夺了人类用四肢爬行的能力时，又给了他一根拐杖，这就是理想。

——〔苏联〕高尔基《时钟》

当哥伦布发现美洲的时候，他知道他航向何处吗？他的目标只是前进，一直向前进。他自己就是目标，逼着他向前走。

——〔法国〕安德烈·纪德《伪币制造者》

进化是永远继续不断的，理想是不会熄灭的光明。

——〔美国〕西奥多·德莱塞《嘉莉妹妹》

照亮我的道路，并且不断地给我新的勇气去愉快地正视生活的理想，是善、美和真。

——〔美国〕爱因斯坦《我的世界观》

我们的理想应该是高尚的。我们不能登上顶峰，但可以爬上半山腰，这总比待在平地上要好得多。

——〔印度〕普列姆昌德《文学的目的》

在我看来，理想就是将伟大的东西同人类最低贱的东西混合起来，就是把人们所做的一切变得伟大。

——〔法国〕罗杰·马丁·杜加尔《蒂博一家》

实现明天理想的唯一障碍是今天的疑虑。

——〔美国〕富兰克林·罗斯福《在杰斐逊纪念日上的演说》

无论任何事情，一旦立志开始做，就不能因为稍许的不顺利或失败，便轻易而放弃。如果只因一、两次的失败或挫折便放弃，这种脆弱的心志如何能真正完成一件事？

——〔日本〕松下幸之助《经营者 365 金言》

谁有生活理想和实现它的计划，谁便善于沉默，谁没有这些，谁便只好夸夸其谈。

——〔德国〕斯特里马特《随想录》

真正的理想绝不是某种高居于个人之上的神秘力量，它是无条件肯定自我的一种有力表现。凡是违反了肯定自我这一原则的任何理想，都被证明并不是一种理想，而只是一种病态的目标。

——〔美国〕弗洛姆《逃避自由》

理想生活的实现，必须付出代价和牺牲……肉体、智慧和灵魂便是理想生活的祭品。

——〔埃及〕纳吉布·迈哈福兹《思宫街》

可能，正因为有了理想，生活才变得这样甜蜜，可能，正因为有了理想，生活才显得如此宝贵，因为，并不是任何理想都能如愿以偿。

——〔吉尔吉斯斯坦〕艾特玛托夫《永别了，古利萨雷》

没有比没有理想信念的人生更为空虚的了。抱着错误的人生观，前途有如风前的蜡烛。

——〔日本〕池田大作《青春寄语》

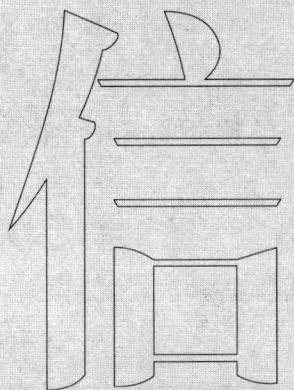

PART 03

▼

信念：力量和智慧之源

大凡人类对于一件事，研究当中的道理，最先发生思想；思想贯通以后，便起信仰；有了信仰，就生出力量。

——孙中山《民族主义·第一讲》

信仰在一个人为一个人的元气，在一个社会为一个社会的元气。

——梁启超《评非宗教同盟》

吾生尤好石，谓是取其坚。

——沈钧儒《与石居》

一切不经过脑的信仰是迷信。对于一切真理都要经过自己的脑加以分析，加以集体的讨论。

——徐特立《我对于青年的希望》

你信仰什么主义，就该诚挚地力行，不该张大了嘴唱着好听。

——鲁迅《颂萧》

记得韩非子曾经教人以竞马的要妙，其一是"不耻最后"。即使慢，驰而不息，纵令落后，纵令失败，但一定可以达到他所向的目标。

——鲁迅《华盖集·补白》

信仰，劳动，恋爱，这三者融和一致的生活才是我们的理想生活。

——夏丏尊《对于米莱的〈晚钟〉》

信念既笃，则依之以努进，而尽其能以造其极，不以外物迁其志，不以歧路纷其心。斯其所造，必能至于己立立人、己达达人之境，而其人之生乃为不虚生，其人之用乃为不误用，而优良之效果乃于是乎得矣，而人生之价值乃于是乎显矣。

——李大钊《政论家与政治家》

根据自己的信念和才干向前做。不要轻听别人的话。自己的信念未建立以前，则最重要的工作是虚心的热忱的把自己的信念树立起来。

——陶行知《把自己的信念树立起来——致陶晓光》

当英雄无用武之地，他除了大无畏之斧，还得有智慧之剑，金刚之信念与意志，才能开出一条生路。

——陶行知《创造宣言》

我们只愿在真理的圣坛之前低头，不愿在一切物质的权威之前拜倒。

——郭沫若《讨论注释运动及其他》

有三本书特别深地铭刻在我的心中，建立起我对马克思主义的信仰。我一旦接受了马克思主义是对历史的正确解释以后，我对马克思主义的信仰就没有动摇过。

——毛泽东，语出《西行漫记》

信仰是努力的先导，而努力却是成功的因素。

——杨贤江《信仰与成功》

信仰是一种心理状态，是人类依据主观见解，而对于人，或其他一个人还是应该有个信仰，人事物生出的坚决信心。

——顾颉刚《顾颉刚通俗论著集·信仰》

主义真是一个有力量的东西。人每每因为一种革命的主义能解决自己与社会的苦痛，不惜牺牲一切为主义奋斗。

——恽代英《主义》

信仰之引人向上，固不可诬之事。且其功用能使怯者勇，弱者强，散漫者精进，躁乱者恬静，历史所载，其伟大之成绩，不可偻数。

——恽代英《论信仰》

不能够堂堂地做一个于社会于人类有用的人，那还不如死了罢！不能够堂堂地过合理的人的生活，那还不如拼了命罢！这应该是我们的旗帜，我们的信条。

——茅盾《"自杀"与"被杀"》

我认的主义一定是不变了，并且很坚决地要为他宣传奔走。

——周恩来《伍的誓词》

一国国民当他们精神上没有被击败的时候，他们将永不会灭亡。精神上被击败，换句话说就是对胜利失掉了自信。这样他们将感觉到一种动摇、绝望，自爱的一无所为，不自爱的无所不为！

——田汉《戏剧艺术家的志节问题》

敌人只能砍下我们的头颅，决不能动摇我们的信仰！因为我们信仰的主义，乃是宇宙的真理！

——方志敏《可爱的中国》

砍头不要紧，只要主义真。杀了夏明翰，还有后来人。

——夏明翰《就义诗》

信仰要坚固，生活要圆转，也可以说，质要硬，形要软，质硬则不论在怎样环境都可以处，可以耐，可以顶住，可以不受影响，富贵不能淫，贫贱不能移，威武不能屈，和水一样的维持本性，而作坚韧的奋斗。形软则在任何环境都可适应，都可存在，都可深入。

——夏衍《乐水》

只要人心中有了春气，秋风是不会引人愁思的。

——冰心《寄小读者·通讯八》

主义是一种信仰，我们没有主义就没有信仰，没有信仰就没有力量。

——李公朴《抗战教育的理论与实践》

信仰的理想对象之成为具体化，有力量，足以激动人的感情，引起人的牺牲精神，使人亲切感觉到这理想的对象并非遥远不可期，乃俨如即在目前。

——贺麟《文化与人生》

凡事得慢慢来。"信仰"是要靠"韧性"来支持，不能单凭"冲动"来表现的。

——沈从文《给驻长沙一个炮队小军官》

一个人必须有他最基本的立足点，否则便会感到漂泊、彷徨，没有方向，没有力量，故必要求有一立足点，然后才有信心、有方向、有归宿。

——徐复观《人生价值的根源》

对马克思主义的信仰，是中国革命胜利的一种精神动力。

——邓小平《建设有中国特色的社会主义》

我有我的爱，有我的恨，有我的欢乐，也有我的痛苦。但是我并没有失去我的信仰：对于生活的信仰。

——巴金《〈激流〉总序》

支配战士的行动的是信仰。他能够忍受一切艰难、痛苦，而达到他所选定的目标。

——巴金《做一个战士》

信神的路终是懦弱的路。不满意现状，而逃避现实去求救于神，这样愚蠢的行为是不会有好处的。

——巴金《神》

不图一时虚名，也不怕一时的横逆。心里有自己正确的看法，不做随风倒的墙头草。

——丁玲《给〈无名文学〉杂志社》

人，只要有一种信念，有所追求，什么艰苦都能忍受，什么环境也能适应。

——丁玲，语出陈登科《访丁玲》

我们应该赞美岩石的坚定。我们应该学习岩石的坚定。我们应该对革命有着坚强的信念。

——陶铸《理想·情操·精神生活》

如果把人生比之为杠杆，信念则好像是它的"支点"，具备这个恰当的支点，才可能成为一个强而有力的人。

——薄一波《寄语青年朋友》

有关信仰的问题，应当彼此尊重，各听自便，不要强求，也决不能强求。谁如果确信自己的理想崇高美好，就孜孜以求地做去，不必害怕别人反对。

——柯灵《遥寄张爱玲》

一切价值联系成一由低至高的层垒，低的价值永远是向上翻抱而融入高的价值中，信仰就是提升你价值认识由低向高的力量。

——唐君毅《人生之体验》

信仰，崇拜，是不需要讲道理证明的。

——金克木《约伯与浮士德》

瘴气茫茫在眼前，开明道路是青年。登山务期达绝顶，掘井何堪不及泉。气壮应嫌天宇隘，心平莫畏世途艰。英雄自古皆无种，惟吾男儿志须坚。

——李飞《送友赴平升学》

为了信念，真诚的信念，人将发挥出无穷的力量，有时是超乎寻常生理条件的不可思议的力量！

——吴冠中《从秦俑坑到华山巅》

战士的歌声，可以休止一时，却永远不会沙哑；战士的明眼，可以关闭一时，却永远不会昏瞎。

——郭小川《团泊洼的秋天》

最坚强的意志，产生于最坚强的信念和对新的向往。

——柯蓝《早霞短笛·意志》

对事物的信仰，尤其要取批判的态度。未经理智的批判而盲目的信仰，是感情的迷信。……必须是经过理智的批判而得到的信仰，才是坚定不移的信仰。

——刘国钧《给刘以治的信》

我坚守自己的信念，沉默而顽强地走自己认为应该走的路。毁誉无动于衷，荣辱在所不计，自己知道自己存在的价值和意义就是了。

——李泽厚《走我自己的路》

人活着，总得有个坚定的信仰，不光是为了自己的衣食住行，还要对社会有所贡献。

——张志新，语出《党的好女儿张志新》

在我成功的道路上，锲而不舍，对事业必定成功的自信力帮助了我。

——从维熙，语出《从维熙性格心理调查表》

信念是人们言行的指南，是人生杠杆的支点，是支撑理想大厦的精神支柱。信念对于一个人的思维趋向、人格追求以及价值观、道德观、审美观、英雄观、幸福观等等，都会产生积极或消极的影响。

——高占祥《人生漫步·谈信》

信念对支撑一个人是至关重要的。即便是寿命的长短也往往取决于信念。

——赵鑫珊《哲学与当代世界》

信念，理想，是使人苦斗的精神支柱和力量，它能使人用学习和劳动填补空闲。

——苏叔阳《让生活中多一些正数——写给待业的小邵》

人需要一个外在的确定而永恒的价值来支撑、把握自己的每一个可消逝的生存瞬间，因而，前者不过是后者因惶惑于自身的虚无而创设出的理想。

——张志扬《论无蔽的瞬息——兼论诗人哲学家的命运》

信仰是内心的光，它照亮了一个人的人生之路。没有信仰的人犹如在黑暗中行路，不辨方向，没有目标，随波逐流，活一辈子也只是浑浑噩噩。

——周国平《信仰之光》

永远打不断的是脊梁，永远撕不碎的是信念。

——汪国真《致理想》

只有知识，只有理性，而没有信仰，便不会有热情的行动。

——荆学民《人类信仰论》

我心匪石，不可转也。我心匪席，不可卷也。

——《诗经·国风·邶风·柏舟》

【释义】我的心不是圆圆的卵石，不能随便滚来转去；我的心不是软软的草席子，不能随便翻来卷去。

人心惟危，道心惟微，惟精惟一，允执厥中。

——《尚书·虞书·大禹谟》

【释义】人心是危险难安的，道心却微妙难明。只有精心体察，专心持守，才能坚持不偏不倚的正道。

古之士不枉义以从死，不易言以求生。

——〔西周〕左儒，语出《说苑·立节》

【释义】古代的士人宁可死也不肯违背道义，不肯改变自己的话以求苟活。

见利不亏其义，见死不更其守。

——〔汉〕戴圣《礼记·儒行》

【释义】在利益面前不降低自己的道义标准，在生死之际不改变自己的操守。

志士仁人，无求生以害仁，有杀身以成仁。

——〔春秋〕孔子，语出《论语·卫灵公》

【释义】那些仁人志士，决不会因贪生怕死而做出损害仁义的事情，却会敢于牺牲来捍卫仁义。

君子谋道不谋食。

——〔春秋〕孔子，语出《论语·卫灵公》

【释义】君子谋求大道的确立与践行，不会去谋求个人生计。

君子无所不用其极。

——〔春秋〕曾参，语出《礼记·大学》

【释义】君子无处不在追求做得完美。

夫哀莫大于心死，而人死亦次之。

——〔战国〕庄子，语出《庄子·田子方》

【释义】最悲哀的事情，莫过于人失去自己的思想（或信念），而人的肉体死亡则排在其次。

如欲平治天下，当今之世，舍我其谁也？

——〔战国〕孟子，语出《孟子·公孙丑下》

【释义】如果想使天下太平，在当今这个世界上，除了我还能有谁呢？

得志，与民由之；不得志，独行其道。富贵不能淫，贫贱不能移，威武不能屈，此之谓大丈夫。

——〔战国〕孟子，语出《孟子·滕文公下》

【释义】能实现理想时，和百姓一同遵循正道而行；不能实现理想时，就独自坚持自己的正道。富贵不能让他穷奢极欲，贫贱不能让他动摇信念，武力不能让他的意志屈服，这样的人才能叫作大丈夫。

天下有道，以道殉身；天下无道，以身殉道。未闻以道殉乎人者也。

——〔战国〕孟子，语出《孟子·尽心上》

【释义】天下有道的时候，大道会随着自己的行为得以推行；天下无道的时候，就自己持守正道。没听说牺牲大道来迎合世俗的。

骐骥一跃，不能十步；驽马十驾，功在不舍。锲而舍之，朽木不折；锲而不舍，金石可镂。

——〔战国〕荀子，语出《荀子·劝学》

【释义】千里马跳跃一次，也超不过十步那么远；劣马拉车走上十天（也能到达），是因为它坚持走个不停。雕刻几下就停下来了，即便是腐朽的木头也刻不断；如果不停地刻下去，就算是金石也能雕刻成功。

石可破也，而不可夺坚；丹可磨也，而不可夺赤。

——〔战国〕吕不韦及其门客《吕氏春秋·诚廉》

【释义】石头可以打碎，但无法改变它的坚硬本质；朱砂可以磨碎，但无法改变它赤红的颜色。

自信者，不可以诽誉迁也；知足者，不可以势利诱也。

——〔汉〕刘安《淮南子·诠言训》

【释义】自信的人，不能用诽谤或赞誉来改变他的信念；知足的人，无法用权势利益来诱发他的欲望。

生不足以使之，利何足以动之？死不足以禁之，害何足以恐之？

——〔汉〕刘安《淮南子·俶真训》

【释义】活命尚且不能让他乖乖听命，好处又怎么能打动他呢？死亡尚且不能让他裹足不前，祸患又怎么能吓住他呢？

夫人之所以为人者，非以此八尺之身也，乃以其有精神也。

——〔汉〕王符《潜夫论·卜列》

【释义】人之所以是人，并不是因为他有八尺高的躯体，而是因为他有精神。

仁者不以盛衰改节，义者不以存亡易心。

——〔三国〕夏侯令女，语出《三国志·魏志·何晏传》裴松之注

【释义】仁德之人不因为世势盛衰而改变自己的节操，忠义之人不因为国家的存亡而改变自己的忠心。

坚志者，功名之主也。

——〔晋〕葛洪《抱朴子·广譬》

【释义】坚定的心志信念，是建功立业的关键。

守真志满，逐物意移。

——〔南北朝〕周兴嗣《千字文》

【释义】坚守本真的信念，志向容易满足；追逐物欲的享乐，意志就会动摇。

推之以诚，则不言而信；镇之以静，则不行而谨。惟有道者能之。

——〔隋〕王通《中说·周公篇》

【释义】推心置腹地对待他人，那么不说话也表明你是个诚信的人；遇事冷静、镇定，不用行动也表明你是个谨慎的人。只有道德高尚的人才能做到这些啊。

立身存笃信，景行胜将金。

——〔唐〕王梵志《全唐诗补逸》

【释义】人活着要有坚定切实的信念，高尚的德行比黄金还要贵重。

水可干而不可夺湿，火可灭而不可夺热，金可柔而不可夺重，石可破而不可夺坚。

——〔唐〕马总《意林·任子》

【释义】水可以干涸，却不能硬夺去它湿润的本性；火可以扑灭，却不能夺去它的热度；黄金可以炼柔软，却不能夺去它的重量；石头可以打破，却不能夺去它坚硬的本质。

丹心终不改，白发为谁新？

——〔唐〕胡皓《和宋之问寒食题临江驿》

【释义】赤胆忠心永远不会改变，满头白发又会为谁新生呢？

天不可信，地不可信，人不可信，心不可信，惟道可信。贤主秀士岂知哉？

——《子藏　道家部　亢仓子卷》

【释义】天不可以相信，地不可以相信，人不可以相信，心不可以相信，只有大道可以相信，贤明的君主、聪慧的学士哪里知道这些啊？

苟余行之不迷，虽颠沛其何伤？

——〔唐〕韩愈《祭田横墓文》

【释义】如果我行走的方向没有迷失，即使颠沛流离又有什么关系呢？

君子抱仁义，不惧天地倾。

——〔唐〕王建《赠王侍御》

【释义】君子怀抱仁义（的信念），即使天地倾覆也不会畏惧。

骨可朽烂心难穷。

——〔宋〕苏轼《欧阳少师令赋所蓄石屏》

【释义】骨头可以朽烂，但心志却不能贫乏。

百炼不耗，良金也；千里不跌，良骥也。

——〔宋〕石介《上郭殿院书》

【释义】烧炼百次而不损耗的，是好金子；奔驰千里也不失足的，是好马。

办得坚固心，一味向前，何患不进？

——〔宋〕朱熹《朱子语类》

【释义】能够做到信念坚定，一味地向前走，又担心什么没有进步呢？

天地有正气，杂然赋流形。

——〔宋〕文天祥《正气歌》

【释义】天地之间有一股堂堂的正气，它投射到万物之上，体现为各种各样不同的形态。

胸中有誓深如海，肯使神州竟陆沉！

——〔宋〕郑思肖《二砺》

【释义】我的心中有比海还深的誓愿，决不让中国的大好河山沉沦！

河来天上石不移，安得此心如底柱。

——〔金〕周昂《底柱图》

【释义】黄河之水犹如从天上奔来，却无法撼动那中流砥柱。心中的信念要像它那样坚定多好啊！

树坚不怕风吹动，节操棱棱还自持，冰霜历尽心不移。

——〔明〕于谦《北风吹》

【释义】树枝坚韧不怕狂风吹倒，始终在风雪严寒中持守节操，历尽风霜这份信念仍然不会改变。

宁直见伐，无为曲全；宁渴而死，不饮盗泉。

——〔明〕王廷陈《矫志篇》

【释义】宁可因为正直遭受打击，也不曲意逢迎以保全自己；宁可渴死，也不喝盗泉里的水。

心不坚确，志不奋扬，力不勇猛，而欲徒义改过，虽千悔万悔，竟无补于分毫。

——〔明〕吕坤《呻吟语》

【释义】信念不坚定，志气不昂扬，用力不猛烈，却想改恶从善，就是千万次的后悔，最终也不会有丝毫的作用。

心逐物曰迷，法从心曰悟。

——〔明〕陈继儒《安得长者言》

【释义】精神被物欲蒙蔽叫作迷误，道理从心上产生叫作觉悟。

已看铁骨经霜老，莫遣金心带雨斜。

——〔明〕张煌言《野人饷菊有感》

【释义】我看到（枝茎）经历风霜打击后，就像铁骨一般苍劲，菊花在大雨滂沱时，依然屹立枝头。

庸医不信药，俗僧不信佛。

——〔清〕吴乔《围炉诗话》

【释义】庸医不相信药的功效，世俗的和尚并不相信佛法。

人之精神不可无所寄。

——〔清〕耿先生，语出申涵煜《省心短语》

【释义】人的精神不能没有寄托。

咬定青山不放松，立根原在破岩中。千磨万击还坚劲，任尔东西南北风。

——〔清〕郑板桥《竹石》

【释义】紧紧长在青山上不左摇右摆，因为它原本就扎根岩石的缝隙之中。历经千次打磨、万次撞击，任凭东西南北风的吹动，它仍然坚韧挺拔。

苟利国家生死以，岂因祸福避趋之。

——〔清〕林则徐《赴戍登程口占示家人二首》

【释义】只要对国家有利，即使牺牲自己生命也心甘情愿，怎么会因为自己可能受到祸害而逃避呢？

自愿的人在忍受苦楚的时候，受到美好希望的鼓舞，就如打猎的人能欢欣愉快地忍受劳累，因为他有猎获野兽的希望。

——〔古希腊〕苏格拉底，语出色诺芬《回忆苏格拉底》

没有一定的目标，智慧就会丧失；哪儿都是目标，哪儿就都没有目标。

——〔法国〕蒙田《随笔录》

人没有信仰就不能认识真正的美好，也不能认识正义。

——〔法国〕帕斯卡尔《思想录》

信念是储蓄在自己家里的私人资本。还有在人们需要时发放借贷的公共储蓄银行和贷款机构；但在自己家里债权人却可以不声不响地去提取利息。

——〔德国〕歌德《歌德的格言和感想集》

没有信心，人什么也不能做，甚至连一步都动不了。一个人相信他能做好这种或那种事情的信心越强，那么他会把事情做好的可信程度就越大。

——〔俄国〕乌申斯基《人是教育的对象》

坚持你的主义,主义重于生命。宁愿生命消失,只要声誉能够留存。

——〔匈牙利〕裴多菲《裴多菲诗选》

坚强的信念能赢得强者的心,并使他们变得更坚强。

——〔英国〕沃尔特·白哲特《物理学与政治学》

有了信心,你就会在你严肃的献身生活中找到乐趣。

——〔印度〕泰戈尔《戈拉》

没有目标的生活是向机会投降。

——〔法国〕安德烈·纪德《伪币制造者》

我们应该弄清楚自己坚持的信念是否正确。不过,信念绝不是手套:可以随便扔掉一副,再戴上另一副。信念、原则、信仰,只有经过多年,说得重一些,要经过毕生的考验才能在一个人的身上扎根。

——〔俄国〕安德列耶夫《青春激荡》

果断获得信心,信心产生力量,而力量是胜利之母。

——〔德国〕亨利希·曼《亨利四世》

信心是行为的父亲。你只要相信你的目标,就可以说你已经走了一半的路程了。

——〔德国〕鲁多夫·洛克尔《六人》

希望是热情之母，它孕育着荣誉，孕育着力量，孕育着生命，一句话，希望是世间万物的主宰。

——〔印度〕普列姆昌德《半斤小麦》

一桩奇迹或者一项非凡事业要想获得成功，一个人对这一奇迹本身的信念往往是占第一位的前提。

——〔奥地利〕茨威格《越过大洋的第一次通话》

我们头脑中有固定的信念和确切、现实的目标，也就无暇去做那不着边际的迷梦，更没有精力去幻想中遨游。

——〔法国〕安德烈·莫洛亚《生活的艺术》

幸福的必不可少的条件就是信念，就是正确地生活下去，就是并不在暗地里隐藏着卑鄙、懦弱、狡猾、陷害以及任何一类其他的败行。

——〔苏联〕马卡连柯《幸福的父母往往会有最优秀的子女》

信心是强大的力量。一个人失掉信心，那就一切都完了。

——〔苏联〕毕尔文采夫《从小要爱护名誉》

你别相信有人一生下来就是勇士或懦夫。关键是信仰，这就是一切。

——〔叙利亚〕哈纳·米奈《蓝灯》

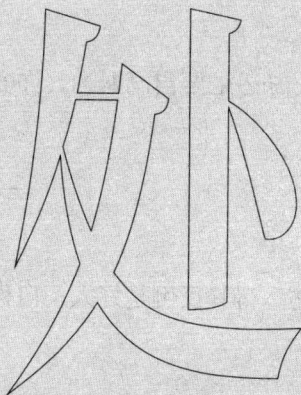

处

PART 04

▼

处世：与世界好好合作

世

世界上没有便宜的事，谁想占便宜谁就会吃亏。

——徐特立《对青年人的几点希望》

做人处世的法子，却恐怕要自己斟酌，许多别人开来的良方，往往不过是废纸。

——鲁迅《安贫乐道法》

自称盗贼的无须防，得其反倒是好人；自称正人君子的必须防，得其反则是盗贼。

——鲁迅《小杂感》

苦乐不一定在外部的环境，自己内部的态度常占着大部分的势力。有花草癖的富翁，不但不以晨夕浇灌为苦，反以为乐，而在园丁却是苦役。

——夏丏尊《闻歌有感》

能容纳旁人的不同意见是雅量，能使旁人尽言的是风度，至于取人之长补己之短的简直是超脱，超脱才真能接受批评。

——杨振声《被批评》

智慧是生成的，智识是学来的。

——陶行知《陶行知教育文集》

每一个人要把自己当成人，也要把别人当成人，事实是先要把别人当成人，然后自己才能成为人。

——郭沫若《十批判书·孔墨的批判》

我认为聪明、老实二义，足以解决一切困难问题。这点似乎同你谈过。聪谓多问多思，实谓实事求是。持之以恒，行之有素，总是比较能够做好事情的。

——毛泽东《毛泽东文集》

人生是严酷的，热烈的心性不足以应付环境，热情必须和智勇连结起来，方能避免环境的摧残。我觉得智和勇是同样的东西，勇乃是了解人生之后的产物。

—— 林语堂《生活的艺术》

一个活人时时刻刻要和外界事物（自然和社会）打交道，这就是生活。生活是人从实践到认识，又从认识到实践的不断反复流转的发展过程。

——朱光潜《谈美书简》

人总是容易看到人家的短处，看到自己的长处。应该反过来，多看人家的长处，多看自己的短处。这样不仅能使自己进步，也能帮助别人进步。

——周恩来《关于知识分子的改造问题》

在平常谈话里，敬意和同情似乎比真理重要得多。一个人处处讲真理，事事讲真理，不但知识和能力不许可，而且得成天儿和别人闹别扭；这不是活得不耐烦，简直是没法活下去。

——朱自清《很好》

一个人断不能旋乾转坤，所以我们不必把自己看得太重。天下事往往成功于一念，所以也不要把自己看得太轻。

——杜重远《杜重远：为消极悲观的青年们进一言》

决不要以一个幻想的公式去对待人，似乎只有合乎这个公式的人才是好人，而不合乎这个公式的，就是坏人。

——张闻天《论待人接物问题》

立在人生的外面，决计不会知道人生，立在人生的外面说人生是无意义，等于看着一碟菜而说他不好吃的一样。

——张闻天《生命的跳跃——对于中国现文坛的感想》

俗语说："人都有一部难看的书。"这真不错，有些外面看着像是七宝楼台的人生，说不定内部就是瓦砾荆榛。

——冯沅君《"无病呻吟"》

聪明人要理解生活，愚蠢人要习惯生活。聪明人以为目前并不完全好，一切应比目前更好，且竭力追求那个理想。愚蠢人对习惯完全满意，安于现状，保证习惯。

——沈从文《时间》

一个人用同情的了解、仁爱的态度，来观察人生、欣赏事物，就是真正的乐观者。

——贺麟《乐观与悲观》

生活是欺骗不了的，一个人要生活得光明磊落。

——冯雪峰《与青年人谈心》

青年人最容易给人一个"忘恩负义"的印象。其实他是眼睛望着前面，饥渴一般地忙着吸收新东西，并不一定是"忘恩负义"；但懂得这心理的人很少；你千万不要让人误会。

——傅雷《傅雷家书》

人家帮我，永志不忘；我帮人家，莫记心上。帮而获尤，细心自量；改进方法，继续再帮。

——华罗庚《帮——新春谈新风尚》，语出顾迈南著《华罗庚传》

一切有着自卑感的人都必须自己首先挺起腰板来，旁人才能以平等待他。

——萧乾《理想与出路》

灵魂可以自主——同时也许是自欺。能一贯抱这种态度的人，当然是大哲学家，但是谁知道他不也是个大傻子？

——钱锺书《论快乐》

作为一个人，要是不经历过人世上的悲欢离合，不跟生活打过交手仗，就不可能真正懂得人生的意义。

——杨朔《〈海市〉书后》

最应该记住的事情往往最容易忘记，最容易明白的道理往往最不容易明白，最应该接受的教训往往最不容易接受。

——秦兆阳《思索偶记》

尊重和了解，是人和人共存的条件。两个急躁的人固然难以相处，但是如果两个一语不发的人在一起，也不会长久的。

——林海音《林海音文集：春风》

我们不能把快乐全部寄托在别人身上。因为别人只能有限度地了解和帮助我们。而事实上，这个世界上锦上添花的人总比雪中送炭的多。

——〔法国〕罗曼·罗兰《快乐的种子》

只有有自尊心的人，才能尊重别人，也只有有自信心的人，才能知道如何相信别人。人与人之间靠相互尊重和信任，才能真正合作，才会使我们感到人间的温暖和快乐。

——〔法国〕罗曼·罗兰《励志小语》

人在失意时候得罪了人，可以在得意的时候弥补；在得意的时候得罪了人，却不能在失意的时候弥补。

——王鼎钧《好人缘是事业的长青树》

酒是穿肠毒药，但无酒不成席；色是剐骨钢刀，但无色不成妻；财是良心的蛀虫，但无财不成义；气是惹祸根苗，但无气受人欺。

——王鼎钧《欲》

小事情上傻一点。该健忘的就健忘，该粗心的就粗心，该弄不清楚的就弄不清楚，过去了的事就过去了。

——王蒙《宽容的哲学》

人们大多根据自己的好恶或厉害，给别人冠上好或不好的符号。

——张洁《他不是一个难猜的谜》

你行得正，别人无从破坏你，你行得不正，是你自己破坏你自己！

——琼瑶《几度夕阳红》

对于一个不值得你骂的人，最好不要轻易骂他。有的时候，眼光会比言语更刺人。

——琼瑶《烟雨蒙蒙》

议论别人的优缺点是没有多大价值的。我们喜爱或是排斥一个人，往往只是因为他的特点。

——陈祖芬《爱是圆的》

智慧不是一种才能，而是一种人生觉悟，一种开阔的胸怀和眼光。一个人在社会上也许成功，也许失败，如果他是智慧的，他就不会把这些看得太重要，而能够站在人世间一切成败之上，以这种方式成为自己命运的主人。

> ——周国平《人生哲思录》

人在伤害别人时，一点也感觉不到，但人在受伤害时，一点点就能感到了。

> ——程乃珊《幸福的女人》

我们是凡人而不是上帝。我们应当相信别人既有权利，也有智慧选择对自己最有价值的东西。

> ——何新《中国文化史新论》

任何意志坚强的人都有某种弱点，都有对某种诱惑的不能抗拒。

> ——路遥《早晨从中午开始》

生活就是找到位置——寻找你的位置。有了位置才能体现价值，有了价值，生活才有意义。

> ——陆星儿《我儿我女》

从艺和做人是一样的道理，小聪明在一开始极为显眼和有用，易得世人赞誉，但终究令人生厌，大巧若拙方能称得上是真正的艺术。

> ——贾平凹《读画随感之三》

注视着别人的眼睛，是一种郑重，是一种尊敬，是一种信任，是一种坦诚。

> ——毕淑敏《看着别人的眼睛》

　　一个真正有力量的人，常常并不是一个自我感觉良好的人，而倒是一个自我感觉不好的人。

——何怀宏《若有所思》

　　一个不懂宽容的人，将失去别人的尊重，一个一味地宽容的人，将失去自己的尊严。

——汪国真《宽容》

　　老猾俏皮人生也是一种境界。当事者对生活自有一种"看透了"的感觉，特别对于复杂的人际关系，能够左右逢源，应付自如，而且总能给人一种和气慈祥的感觉。

——殷国明《100 种人生 100 种活法》

　　这个世界是自己走路的，没有人能帮你选择，无论多么懂得你、心疼你的人，都无法替代你去生活去感受。

——陈染《自己走路》

　　乐天知命，故不忧。安土敦乎仁，故能爱。

——《周易·系辞传上》

　　【释义】乐行天道，懂得天命所在，所以无所忧虑。安心自己所处的环境，切实地施行仁道，所以能泛爱天下。

必有忍，其乃有济；有容，德乃大。

——《尚书·君陈》

【释义】一定要有所忍耐，才能成就功业；有包容之心，才算具备大德。

不愧于人，不畏于天。

——《诗经·何人斯》

【释义】在他人面前不愧疚，在天命之下惶恐。

审其所好恶，则其长短可知也；观其交游，则其贤不肖可察也。

——〔春秋〕管仲《管子·权修》

【释义】研究一个人的喜好和厌恶，就可以知道他的长处和短处；观察一个人与什么人交往，就能看清他是贤者还是不肖之徒。

君子成人之美，不成人之恶。小人反是。

——〔春秋〕孔子，语出《论语·颜渊》

【释义】君子成全别人做好的事情，而不帮助别人干坏的事情。小人则与恰恰相反。

始吾于人也，听其言而信其行；今吾于人也，听其言而观其行。

——〔春秋〕孔子，语出《论语·公冶长》

【释义】起初我对于他人，听了他的话就相信他的行为；现在我对于他人，听了他说的话却还要通过观察他的行为来验证。

信言不美，美言不信。

——〔春秋〕老子《道德经》

【释义】真话听起来不好听，好听的话不那么真实。

仰不愧于天，俯不怍于人，二乐也。

——〔战国〕孟子，语出《孟子·尽心上》

【释义】仰起头看看，觉得自己对上天没有愧疚；低下头想想，觉得自己没有对不住过别人，是人生的第二件乐事。

反听之谓聪，内视之谓明，自胜之谓强。

——〔战国〕赵良《史记·商君列传》

【释义】能听取别人意见，叫作聪明；能反省自身问题，叫作明智；能战胜自己的，叫作强者。

庖人虽不治庖，尸祝不越樽俎而代之。

——〔战国〕庄子，语出《庄子·逍遥游》

【释义】厨师即使不下厨（烹制祭品），祭师也不能跨过祭祀礼器去代替他（治办祭品）。

君子不镜于水而镜于人。镜于水，见面之容；镜于人，则知吉与凶。

——〔战国〕墨子，语出《墨子·非攻》

【释义】君子不是用水当镜子，而是以人当镜子。用水当镜子，可以看到自己的容貌；用人当镜子，却能够知道自己的吉凶祸福。

圣人不凝滞于物，而能与世推移。

——〔战国〕屈原《渔父》

【释义】圣人不会死板地对待事物，他们会随着社会的发展一起变化。

身劳而心安，为之；利少而义多，为之。

——〔战国〕荀子，语出《荀子·修身》

【释义】身体劳顿而精神安泰的事情，要去做；获利少但合乎道义的事情，要去做。

人主之患在于信人，信人，则制于人。

——〔战国〕韩非《韩非子·备内》

【释义】君主的祸患在于信赖他人。信赖他人，就会被其所信赖的人左右。

欲信人者，必先自信；欲知人者，必先自知。

——〔战国〕吕不韦及其门客《吕氏春秋·先己》

【释义】要想信任别人，首先自己必须自信；要想了解别人，首先要有自知之明。

目不淫于炫耀之色，耳不乱于阿谀之词。

——〔汉〕陆贾《淮南子·人间训》

【释义】眼睛不沉溺于华丽绚烂的色彩，耳朵不会被花言巧语的阿谀之词所迷惑。

树黍者不获稷，树怨者无报德。

——〔汉〕刘安《淮南子·人间训》

【释义】种黍子的人收获不到稷，与人结怨的人得不到别人的恩报。

君子避三端：避文士之笔端，避武士之锋端，避辩士之舌端。

——〔汉〕韩婴《韩诗外传》

【释义】君子躲避三种祸端：躲避文人之笔带来的祸端；躲避武士之剑带来的祸端；躲避辩士之舌带来的祸端。

见人不正，虽贵不敬也；见人有污，虽尊不下也。

——〔汉〕司马迁《史记·日者列传》

【释义】见到行为不端正的人，即使他身份显赫，也会不敬重他；见到劣迹斑斑的人，即使他地位尊贵，也不谦下。

积善在身，犹长日加益，而人不知也；积恶在身，犹火之消膏，而人不见也。

——〔汉〕班固《汉书·董仲舒传》

【释义】为自己积累善行，就像冬至过后白昼逐渐延长一样，人们很难察觉；为自己积累恶行，就像蜡烛的火逐渐焚化油膏一样，人们很不容易看出来。

人必其自爱也，而后人爱诸；人必其自敬也，而后人敬诸。

——〔汉〕扬雄《法言·君子》

【释义】人一定要自爱，然后才有他人的爱戴；人一定要自尊，然后才有他人的敬重。

誉人不增其美，则闻者不快其意；毁人不益其恶，则听者不惬于心。

——〔汉〕王充《论衡·艺增》

【释义】称誉别人而不夸大他的长处，那么听者不会感到畅快；诋毁别人而不夸大他的恶行，那么听者不会感到满足。

君子防未然，不处嫌疑间；瓜田不纳履，李下不正冠。

——〔三国〕曹植《君子行》

【释义】君子要防患于未然，不让自己处在被人误会的境地。他经过瓜田时，不会弯下腰去提鞋；他在经过李子树下时，不会抬起手去扶正帽子。

小善虽无大益，而不可不为；细恶虽无近祸，而不可不去。

——〔晋〕代葛洪《抱朴子·君道》

【释义】小的善行虽然带不来多少好处，但是也不能不做；小的恶行虽然一时也带不来什么祸患，但是也不能不改正。

罔谈彼短，靡恃己长。

——〔南北朝〕周兴嗣《千字文》

【释义】不要随意谈论别人的短处，也不要卖弄自己的长处。

（夫）修善立名者，亦犹筑室树果，生则获其利，死则遗其泽。

——〔南北朝〕颜之推《颜氏家训·名实》

【释义】积累善行、树立美名的人，就好像是盖房子、种果树，活着的时候就能受益，死了以后也能留下恩泽。

君子不责人所不及，不强人所不能，不苦人所不好。

——〔隋〕王通《中说》

【释义】君子不要求别人做他做不到的事情，不勉强他人做他不擅长的事，不要难为别人做他不喜欢做的事情。

疾风知劲草，板荡识诚臣。

——〔唐〕李世民《赐萧瑀》

【释义】狂风猛烈时，才知道哪株草是坚韧的；时局动荡时，才知道谁是忠诚的大臣。

无猖狂以自彰，当阴沉以自深。

——〔唐〕王勃《〈黄帝八十一难经〉序》

【释义】不要洋洋得意地炫耀自己，应当冷静深入地反省自己。

心真出语直，直心无背面。

——〔唐〕寒山《诗三百三首》

【释义】内心真诚话语就正直，内心正直就不会背后乱说别人。

智者不为愚者谋，勇者不为怯者死。

——〔唐〕陈子昂《明必得贤科》

【释义】有智慧的人不会为愚蠢的人谋划，有勇气的人不会替贪生怕死的人卖命。

处世忌太洁，至人贵藏晖。

——〔唐〕李白《沐浴子》

【释义】为人处世不要过于苛刻，守志隐逸之士要善于韬光晦迹，深藏不露。

处世清介，人不汝害。

——〔唐〕元结《自箴》

【释义】为人处世做到清正耿直，别人就不会陷害你。

雄声而雌视者，虚伪人也。

——〔唐〕马总《意林·傅子》

【释义】说话的声音雄壮但目光却畏畏缩缩的人，一定是个虚伪的人。

自满九族散，匪骄百善寻。

——〔宋〕种放《谕蒙》

【释义】人一旦自满，九族的亲人都会离你而去；不骄傲的人，会有很多好事都找上门来。

和以处众，宽以接下，恕以待人。君子人也。

————〔宋〕林逋《省心录》

【释义】谦和地与众人相处，宽厚地对待下级，仁恕地对待别人。这才是君子那样的人。

人虽至愚，责人则明；虽有聪明，恕己则昏。

————〔宋〕范纯仁《宋史·范纯仁传》

【释义】有的人虽然非常愚笨，但在挑剔别人的时候却很精明；有的人虽然很聪明，但总是宽恕自己的过失，以至于显得很糊涂。

陶者能圆而不能方，矢者能直而不能曲。将为陶乎？将为矢乎？

————〔宋〕苏辙《上曾参政书》

【释义】制作陶器的人能做出圆形器皿而不能做成方形的，造弓箭的人能做出直的箭却不能做成弯曲的。你准备像陶器（那样圆通）呢还是像箭（那样正直）呢？

知得而不知丧，知存而不知亡。始若可喜，而终不可久。

————〔宋〕苏辙《上曾参政书》

【释义】只知道有得到而不知会有丧失，只知道存在而不知道会失去。这样开始的时候让人欢喜，但最终不能保持长久。

怀锢蔽自欺之心，长虚骄自大之气，皆好名之故。

————〔宋〕谢良佐《上蔡语录》

【释义】怀着狭隘自欺的心思，助长骄傲自大的气焰，这都是因为喜欢虚名的缘故。

临别赠言朋友事，有殷勤六字，君听取：节饮食，慎言语。

——〔宋〕蒋捷《贺新郎·乡士以狂得罪，赋此饯行》

【释义】临别前有给好朋友的赠言，是六个很重要的字，请您认真听取：饮食要有节制，说话要很谨慎。

人生大病，只是一"傲"字。

——〔明〕王阳明《传习录》

【释义】人生最大的毛病，只是一个"傲"字。

利可共而不可独，谋可寡而不可众；独利则败，众谋则泄。

——〔宋〕林逋《省心录》

【释义】利益可以分享但不能独享，做事要与少数人谋划但不能与多数人谋划。一个人独享利益就会失败，与多数人谋划事情就会泄漏。

一失足成千古笑，再回头是百年人。

——〔明〕唐伯虎，语出杨仪《明良记》

【释义】一旦失足就成为千古笑柄，再想从头再来，已经垂垂老去。

处世以讥讪为第一病痛。不善在彼，我何与焉？

——〔明〕吕坤《呻吟语》

【释义】为人处世以讥笑他人为最大的毛病。他有不好的地方，与我有什么关系呢？

为人如构室，先须根基坚固，始可承载。忠诚敦厚，人之根基也。

——〔明〕宁鸠子，语出魏裔介编《琼琚佩语》

【释义】做人就像盖房子，必须先打牢根基，才能承载起整栋房子的重量。忠诚敦厚就是做人的根基。

小人以己之过为人之过，每怨天而尤人；君子以人之过为己之过，每反躬而责己。

——〔明〕蕅益大师，语出弘一法师编《寒笳集》

【释义】小人把自己的过失推给别人，所以经常怨天尤人；君子认为别人的过失也是自己的过失，所以经常自省督责自己。

居家戒争讼，讼则终凶；处世戒多言，言多必失。

——〔清〕朱柏庐《朱子家训》

【释义】居家生活不要与人争斗，因为无论输赢都会有祸患；为人处世不要多说话，说得多了一定会有过失。

律己宜带秋气，处世须带春风。

——〔清〕张潮《幽梦影》

【释义】自律要像秋天的肃杀之气那样严格，为人处世要像春风一样和煦温暖。

世事洞明皆学问，人情练达即文章。

——〔清〕曹雪芹《红楼梦》

【释义】对人世间的事洞悉明了，都是人生的学问；对人情事理熟悉通达了，就是人生经验的好文章。

处难处之事愈宜宽，处难处之人愈宜厚，处至急之事愈宜缓，处至大之事愈宜平，处疑难之际愈宜无意。

——〔清〕金缨《格言联璧》

【释义】处理难以处理的事情要宽厚，与难以相处的人交往要宽厚，处理特别紧急的事情要从容，处理特别重大的事情要平和，处在疑难之事的时候不要太主观。

功不独居，过不推诿。常常记此二字，则长履大任，福祚无量矣。

——〔清〕曾国藩《曾文正公全集》

【释义】功劳不自己独占，过错不推给别人。常常记住这几个字，那么就可以长期担当重任，福报也会无可计量。

不要瞧不起任何人，因为谁也不是懦弱到连自己受了侮辱也不能报复的。

——〔古希腊〕伊索《伊索寓言》

要尽可能地退隐到自身中去，要结交可能帮助你进步的人，要欢迎你有能力去提高他们的人。

——〔古罗马〕塞涅卡《幸福而短促的人身——塞涅卡道德书简》

我们身处困境的根源之一，就在于我们总是以别人为榜样来安排自己的生活；我们不是用理性来纠正自己的盲从，而老是被常规习俗所引诱。

——〔古罗马〕塞涅卡《幸福而短促的人身——塞涅卡道德书简》

对向你求助的人，切不要污辱。因为"求助"已使他痛苦负疚。

——〔古波斯〕昂苏尔·玛阿里《卡布斯教诲录》

弱小的敌人对你表示友好，往往只是蓄意成为你的强敌。常言说："朋友尚且不可尽信，何况冤家对头！"谁若轻视弱小的敌人，便是留下星星之火。

——〔古波斯〕萨迪《蔷薇园·论交往之道》

一株优良的植物，种在与它本性相违的土壤中，立即会适应土壤，而不是改造土壤去适应它自己。

——〔法国〕蒙田《随笔集》

好炫耀的人是明哲之士所轻视的，愚蠢之人所艳羡的，谄佞之徒所奉承的，同时他们也是自己所夸耀的言语的奴隶。

——〔英国〕培根《论虚荣》

在生活交往中，我们更经常的是由于我们的缺点而不是由于我们的优点讨人喜欢。

——〔法国〕拉罗什福科《道德箴言录》

世上（决）没有一个狡猾的人，能够狡猾得使人家不知道他们是狡猾的；他们一旦被人发觉以后，人人都会讨厌，人人都不喜欢狡猾的人；全世界都会联合起来反对他们，攻击他们。

——〔英国〕洛克《教育漫话》

人就像藤萝，它的生存靠别的东西支持，他拥抱别人，就从拥抱中得到了力量。

——〔英国〕蒲柏《论人》

你必须不动声色地建立良好的人际关系，让人们成为你的支持者。请注意我说的"不动声色"，我的意思是，你要做到表面上看起来是你顺从他们，但实际上却是他们顺从你。

——〔英国〕切斯特菲尔德《伯爵家书·第 36 封信》

对所有人彬彬有礼；助很多人一臂之力；和一些人交情甚好；和一个人结为挚友；说到又能够做到，那么你将没有一个敌人。

——〔美国〕本杰明·富兰克林《穷理查智慧书》

根据外表来判断是多么容易上当，而俗人又是多么重视这种根据外表的判断啊！

——〔法国〕卢梭《忏悔录》

给人小恩小惠，别人愿意公开承认；作了一件对人不起的小事，也容易补过；唯独受过别人大恩大惠的人，最容易忘恩负义，一如作过严重的对你不起的事的人，往往就成了最不容易跟你和解的仇人。

——〔英国〕斯末莱特《蓝登传》

要求旁人都迁就我们的脾气，那是很愚蠢的，我从来不干这种蠢事。我把每个人都看作一个独立的个人，可以让我去研究和了解他的一切特点，此外我并不向他要求同情共鸣。这样我才可以和任何人打交道。

——〔德国〕歌德，语出《歌德谈话录》

当欲望激荡的时候，人不可避免地要犯错误。

——〔德国〕歌德《浮士德》

身材的高大，就跟地位的高贵一样，显然是好事儿；然而，假使灵魂是卑劣的，那就不见得有什么好处。

——〔俄国〕克雷洛夫《驴子》

在你有权力、有名望的时候，卑鄙的人是不敢抬起嫉妒的眼睛看你一眼的；然而，到了你一落千丈的时候，显示最大的毒辣就是他们。

——〔俄国〕克雷洛夫《克雷洛夫寓言》

不了解一个人的处境就不能指责一个人的行为，如果不了解一家人的内情，谁也说不上这家的人各有什么难处。

——〔英国〕简·奥斯丁《爱玛》

你有两只眼睛和一张嘴；请记住这个准则：你应当用两只眼睛多看，而不要多嘴多舌。

——〔德国〕吕克特《三对和一张》

进入社交界以后，千万不能被任何事情冲昏头脑，遇事要小心提防，特别要提防最讨我喜欢的事。

　　　　　　　　　　　——〔法国〕巴尔扎克《两个新嫁娘》

处世之道，贵在礼尚往来。如果你想获得友谊，你必须为你的朋友效力。

　　　　　　　　　　　——〔美国〕爱默生《爱默生日记精华》

一个人如果能看穿这世界的矫饰，这世界就是他的。

　　　　　　　　　　　　——〔美国〕爱默生《美国的哲人》

如果要别人同意你的见解，那么首先要使他确信你是他忠实的朋友。

　　　　——〔美国〕戴尔·卡内基《如何赢得朋友及影响他人》

为人处世，记住一条原则大有好处：能够不落笔据在人家手里，那就千万不要落，因为，谁说得准多早晚会让人家利用呢。

　　　　　　　　　　　　——〔英国〕狄更斯《远大前程》

在小市民中间，除了蛮不讲理和赤裸裸的贫困以外，什么也看不见。

　　　　　　　——〔俄国〕奥斯特洛夫斯基《大雷雨》

任何人包括诚实可靠的人，都会遭到别人说闲话。

　　　　　　——〔俄国〕列夫·托尔斯泰《波利库什卡》

当一个可怜虫来求你帮助的时候，只要你对于你所施的恩德将引起的后果感到有一些怀疑，那你就让自己得到怀疑的好处。

——〔美国〕马克·吐温《一个兜销员的故事》

越是有智慧的人，越能发现别人的本色。一般平常人不能分辨出人与人之间的异同。

——〔英国〕哈代《德伯家的苔丝》

切莫自我膨胀，否则，一根小刺便可把你戳穿！

——〔德国〕尼采《快乐的科学》

要认识一个人，就要从整个着眼，不能单看他个人的历史，应当从深入他血液的、他所继承到的种种特质和特征的全部来看。

——〔俄国〕马明－西比利亚克《普里瓦洛夫的百万家私》

实际上我们经常误解自己，而且很少理解旁人。经验是没有伦理价值的，它只是人们给自己的错误巧立的名目而已。

——〔英国〕奥斯卡·王尔德《道林·格雷的画像》

你可以从外表的美来评论一朵花或一只蝴蝶，可你不能这样来评论一个人。

——〔印度〕泰戈尔《沉船》

要散布阳光到别人心里，先得自己心里有阳光。

——〔法国〕罗曼·罗兰《约翰·克利斯朵夫》

玩笑也得看时间和地点；应该严肃的时候，我会严肃得像只驴子。不过人有时候会露马脚，驴子也忍不住喊叫。

——〔法国〕罗曼·罗兰《哥拉布勒尼翁》

感到自己是人们所需要的和亲近的人——这是生活的最大的享受，最高的喜悦。这是真理，不要忘记这个真理，它会给你们无限的幸福。

——〔苏联〕高尔基《给"顽童学校"的儿童们》

每一个人身上都有一个傻子和骗子：傻子就是人的情感，骗子就是人的智慧。情感之所以愚蠢是由于它直率、真实、不会装模作样；可是不装模作样又怎能生活下去呢？

——〔苏联〕高尔基《因为烦闷无聊》

一个人的力量是很难应付生活中无边的苦难的。所以，自己需要别人帮助，自己也要帮助别人。

——〔奥地利〕斯蒂芬·茨威格《同情的罪》

社会是无情的，但是社会也有温暖。古人以"一千个瞎子和一千个明眼人"来比喻社会上有懂道理的人，也有不懂道理的人，真是妙极了。

——〔日本〕松下幸之助《我的人生理念》

有人幸福，就有人眼红。你想做一个幸福的人，总少不了惹人眼红。

——〔俄国〕索尔仁尼琴《癌病房》

即使开始时怀有敌意的人，只要抱着真实和诚意去接触，就一定能换来好意。

——〔日本〕池田大作《青春寄语》

在待人接物时，我们应该记住，我们不是与按逻辑生活的人打交道。我们交往的对象是有情感、心存偏见、被自傲和名利所驱使的人。

——〔美国〕戴尔·卡内基《怎样赢得友谊并影响他人》

我们生活在快速的时代，你想说什么，赶快说出重点即可，也好给别人有说话的机会。

——〔美国〕戴尔·卡内基《卡内基每日一智》

修

PART 05

▼

修养：擦亮心灵的窗户

养

面必净、发必理、衣必整、钮必结，头容正、肩容平、胸容宽、背容直。气象：勿傲、勿暴、勿怠。颜色：宜和、宜静、宜庄。

——严修《容止格言》

查修养之目的，在使人平日有一种操练，俾临事不致措置失宜。盖吾人平日遇事，常有计较之余暇，故能反复审虑，权其利害是非之轻重而定取舍。然若至仓卒之间，事变横来，不容有审虑之余地。此时而欲使诱惑、困难不能墋其操守，非平日修养有素不可，此修养之所以不可缓也。

——蔡元培《科学之修养——在北京高等师范学校修养会演说词》

凡任天下大事者，不可无自信力。每处一事，既见得透，自信得过，则以一往无前之勇气以赴之，以百折不挠之耐力以持之。

——梁启超《俾士麦与格兰斯顿》

养心之功课有二：一静坐之养心，二阅历之养心。

——梁启超《湖南时务学堂学约》

看书、行万里路、静坐，乃人生修养的要则。

——沈钧儒《谈青年修养〔访问记〕》

自信心就是要自己看得起自己，要自尊。卑己而尊人是不好的，尊己而卑人也是不好的。

——徐特立《漫谈》

言气质，言神韵，不如言境界。有境界，本也；气质、神韵，末也。

——王国维《人间词话》

我的确时时解剖别人，然而更多的是更无情面地解剖我自己。

——鲁迅《写在〈坟〉的后面》

人的污浊，剥去一层又有一层，发现是智，敢剥是勇。

——谢觉哉《谢觉哉日记》

改造自己，把自己完全变个样，好比生肉煮成熟肉，不是件易事。要工夫深，火候到。

——谢觉哉《拂拭与蒸煮》

人的气象最难能的，是"平易"二字。平易无奇、只是自然、自然才是大气象。

——熊十力《尊闻录·高赞非记语》

野兽被驯是出于不自觉，而人则出于自愿与自主。所以人之可贵即在能自己驯自己。

——张东荪《一个雏形的哲学》

平时事无大小，时刻用心留意，再加上一心一意刻苦锻炼，处处追求，总有一天水到渠成。所谓"天才"，其实都是从小艰苦磨炼出来的。

——盖叫天《粉墨春秋》

静默如地下的种子，自由如空中的鸽子，猛勇如斗虎的狮子。

——陶行知《活的教育》

慧眼观人长处，正心慎我独时。

——陶行知《赠晓庄师范二期学生联》

本来一种技术或学问的修得，绝不是一件容易的事体，总要你费尽多少心血，受尽多少折磨，才能够升堂入室。因为得之艰难，所以视之宝贵。

——郭沫若《序〈祖国之恋〉》

要永远学习大人物的本领，要永远保持小朋友的心情。

——郭沫若《大人物与小朋友》

不要绝对地看问题，要有耐心，要注意调理人我关系，要故意地强制地省察自己的弱点，方有出路，方能"安心立命"。

——毛泽东《致萧军》

言忠信、行笃敬、惩忿窒欲、迁善改过，其所谓修身之要也。

——汤用彤《理学谵言》

习惯是从实践里养成的，知道一点做一点，知道几点做几点，积累起来，各方面都养成习惯，而且全是好习惯，就差不多了。

——叶圣陶《认真学习语文》

人和禽兽有怎样的分别？最大的一种分别，便是人是向上的，便是说人是有长进的。

——恽代英《恽代英全集》

人人不可不入社会，则群众生活之修养，自为不可不注意之事。

——恽代英《恽代英日记》

命运，不过是失败者无聊的自慰，不过是懦怯者的解嘲。人们的前途只能靠自己的意志，自己的努力来决定。

——茅盾《幻灭》

人格的修养，精神的健全，是创造物质运用物质的根底。

——郁达夫《〈教育周刊〉发刊辞》

有些人天资颇高而成就则平凡，他们好比有大本钱而没有做出大生意；也有些人天资并不特异而成就则斐然可观，他们好比拿小本钱而做出大生意。这中间的差别就在努力与不努力了。

——朱光潜《谈美》

一个人要求得进步，就必须下苦功夫，郑重其事地去进行自我修养。

——刘少奇《论共产党员的修养》

适当的发扬自己的长处，具体的纠正自己的短处。

——周恩来《我的修养要则》

人最难的是认识自己。有了自知之明，就有了一个进步的基础。

——周恩来《关于知识分子的改造问题》

一个人内心的斗争，常有两重性格，像善与恶的斗争，向前与退后的斗争。所以说人生是每天在演变着的。

——田汉《戏剧运动之开展》

人要建设自己的人格，便要"力争上游"，便是要努力由深谷攀登高山之巅。

——田汉《给郭沫若的信》

没有生长的生活是没有什么意义的，因为它永远到达不了一种最理想的成熟。

——老舍《无名高地有了名》

心的苍老，比身体的苍老还要可怕。

——夏衍《芳草天涯》

修养的花在寂静中开过去了，成功的果子便要在光明里结实。

——冰心《春水》

在生活里我的探索是无休息的，无终结的。我不掩护我的弱点，但我不放松它，我极力和它挣扎。

——巴金《新年试笔》

人不只是求生存的动物，人不应受造物的捉弄，人应该创造，创造生命，创造世界。

——丁玲《一个真实人的一生——记胡也频》

一个人在人家鼓掌时，他可以有两种态度，一是小心谨慎，一是昏头昏脑。昏头昏脑就很可能是跌筋斗的候补者。

——陈云《高级领导人要提高革命觉悟》

人都有其优良的一面和缺陷的一面的，两面相照，发展其优良的一面，同时又要扬弃其缺陷的一面。主要靠自己，同时靠他人。

——彭雪枫《给林颖的信》

人的进步有两条：一是发展自己的特长，一是改正自己的缺点。这是一对矛盾，而改正缺点是这一矛盾的主要方面，因为长处跑不了，缺点是拦路虎，是前进中的障碍。

——李可染《谈学山水画》

成就的大小，高低，是不在我们掌握之内的，一半靠人力，一半靠天赋，但只要坚强，就不怕失败，不怕挫折，不怕打击。

——傅雷《傅雷家书》

只有忍痛蜕掉那一层腐旧的躯壳，新的愉快的生命才能降生。

——曹禺《关于"蜕变"二字》

发愤早为好，苟晚休嫌迟，最忌不努力，一生都无知。

——华罗庚《取法务上，仅得乎中》

纵然是生锈的铁，百炼也成钢。

——姚雪垠《李自成》

修养并不像大学文凭：它不指定期限，也没有完结的证据；程度上的差别是不免的，有无的悬殊却不见得可靠。生活一天，我们没有不是在修养中。

——萧乾《给漂在帆船上的》

现实生活是无字天书，文化修养是有字人书，缺一不可。

——宗璞《虚构，实在很难》

人生是一个过程，是一个时间段，是一次能量释放反应，重在参与，重在投入，重在尽力。胜固可喜，败亦犹荣，只要尽了力，结账时候的败者，流出的眼泪也是滚烫的与有分量的。而没有尽力，蹉跎而过，那可真是欲哭无泪了！

——王蒙《人生即燃烧》

我们不能成为喧闹世界的俘虏，不能成为轻薄的浮躁者，否则，将会虚度一生。

——高占祥《人生漫步》

韵味，可以表明一个人的内涵；谈吐，可以显示一个人的修养；格调，可以说明一个人的情操。

——汪国真《格调》

君子进德修业，欲及时也，故无咎。

——《周易·乾》

【释义】君子增进德行提升学业，他的追求能赶上变化的时势，所以没有过失。

弗虑胡获？弗为胡成？

——《尚书·太甲下》

【释义】不去思考怎么会有收获？不去实践怎么会有成功？

民之从事，常于几成而败之。不慎终也。慎终如始，则无败事。

——〔春秋〕老子《道德经》

【释义】人们做事情，常常在即将成功的时候遭受失败，这是因为他们没做到始终谨慎。如果从始至终都小心谨慎，就不会有失败的事了。

疾之，疾之，万物之师也；为之，为之，万物之时也；强之，强之，万物之指也。

——〔春秋〕管仲《管子·枢言》

【释义】要加快探索，万物等你去把握；要努力进行探索，万物随时会消逝；要努力学习，万物的意旨太精深。

诸侯并立，能终善者为长；列士并学，能终善者为师。

——〔春秋〕晏婴《晏子春秋·问下第四》

【释义】诸侯共同存在，能始终为善的诸侯被尊为首领；士子们一起求学，能善始善终的人被奉为老师。

德之不修，学之不讲，闻义不能徙，不善不能改，是吾忧也。

——〔春秋〕孔子，语出《论语·述而篇》

【释义】德行不去修养，学问不去讲求，听到应当做的事情不能马上去做，缺点错误不去改正，这些是令我忧心的。

射有似乎君子，失诸正鹄，反求诸其身。

——〔春秋〕孔子，语出《中庸》

【释义】射箭与君子的道理有相似之处，就像没有射中箭靶，要回过头来从自己身上去找原因。

自天子以至于庶人，壹是皆以修身为本。其本乱而末治者，否矣。

——〔春秋〕曾参，语出《大学》

【释义】从天子到普通人，都要把修养自身作为根本。根本败坏了，反而想把枝节之事做好，是不可能的。

自暴者，不可与有言也；自弃者，不可与有为也。

——〔战国〕孟子，语出《孟子·离娄上》

【释义】自我损害的人，不能和他一起谈话；自我抛弃的人，不能和他一道共事。

子不能治子之身，恶能治国政？

——〔战国〕墨子，语出《墨子·公孟》

【释义】你连你自己都管不好，怎么能治理好国家政事呢？

君子博学而日参省乎己，则知明而行无过矣。

——〔战国〕荀子，语出《荀子·劝学》

【释义】君子广博地学习，每天自我检查反省，那么他就会智慧明达，而且行为没有过错。

血气刚强，则柔之以调和；知虑渐深，则一之以易良；勇胆猛戾，则辅之以道顺；齐给便利，则节之以动止。

——〔战国〕荀子，语出《荀子·修身》

【释义】血气刚强的人，用心平气和来柔化；思虑深沉的人，用坦率善良来同化；勇猛暴戾的人，用不可越轨的道理来辅助；行为轻率的人，用举止安静来节制。

行修于内者，无位而不怍。

——〔战国〕庄子，语出《庄子·杂篇·让王》

【释义】做好内心修养的人，没有官位也不会感到羞愧。

宫有垩，器有涤，则洁矣。行身亦然，无涤垩之地，则寡非矣。

——〔战国〕韩非《韩非子·外储说右下》

【释义】宫室的墙用白灰粉刷，器皿经常洗涤，就会洁白明亮。人的行为也是这样，等到没有粉刷清洗的境地，就会很少干错事了。

知不足，然后能自反也；知困，然后能自强也。

——〔汉〕戴圣《礼记·学记》

【释义】知道自己的不足，然后能够自我反思；知道自己的困惑，然后就能自我勉励。

怨人不如自怨，求诸人不如求诸己得也。

——〔汉〕刘安《淮南子·缪称训》

【释义】抱怨别人，不如埋怨自己，从别人身上找原因，不如从自己身上找原因。

修身者，智之府也；爱施者，仁之端也；取予者，义之符也；耻辱者，勇之决也；立名者，行之极也。

——〔汉〕司马迁《报任安书》

【释义】修养自身，是智慧的宝库；乐于施舍，是仁者的开端；取予恰当，是守义的标志；以受辱为耻，是勇者的先决条件；建立功名，是行为的最高目标。

修身以为弓，矫思以为矢，立义以为的，奠而后发，发必中矣。

——〔汉〕扬雄《法言·修身》

【释义】用修养自己作为弓，以纠正思想作为箭，树立道义当作靶子，瞄准后发射，每发必中。

非淡泊无以明志，非宁静无以致远。

——〔三国〕诸葛亮《诫子书》

【释义】不看淡眼前的名利，就无法明确志向，不静下心修习，就不能实现远大目标。

立德之本，莫尚乎正心。

——〔唐〕魏徵《群书治要》

【释义】立德的根本，没有比正心更重要的了。

人咸知修其容，而莫知饰其性。

——〔晋〕张华《女史箴》

【释义】人们都知道修饰自己的容貌仪表，却不知道要修养自己内在的心性。

悟已往之不谏，知来者之可追；实迷途其未远，觉今是而昨非。

——〔晋〕陶渊明《归去来兮辞》

【释义】觉悟到昔日之错已无法挽回，知道未来之事还可以补救。实在是误入歧途还不算太远，已觉察到今天是做对了，而昨天是做错了。

夜觉晓非，今悔昨失。

——〔南北朝〕颜之推《颜氏家训·序致篇》

【释义】晚上觉悟到早晨的错误，今天悔悟到昨天的过失。

痛莫大于不闻过，辱莫大于不知耻。

——〔隋〕王通《中说·关朗》

【释义】没有比听不到自己错误更大的痛苦了，没有比不知羞耻更大的耻辱了。

幸能修实操，何俟钓虚声！

——〔唐〕陈子昂《座右铭》

【释义】庆幸的是我能够切实修养自己的操守，不需要等着去博取什么虚名。

众情累外物，恕己忘内修。感叹长如此，使我心悠悠。

——〔唐〕张九龄《感遇十二首》

【释义】太多的思想被外物牵累，而原谅自己使我忘记了内在修养。我为此发出感叹，心中充满了忧虑。

夫圣人抱诚明之正性，根中庸之至德。苟发诸中形诸外者，不由思虑，莫匪规矩；不善之心，无自入焉；可择之行，无自加焉，故惟圣人无过。

——〔唐〕韩愈《省试颜子不贰过论》

【释义】圣人怀抱着至诚完美的德性，以中庸这样的至高美德为根基。若是将其从心中发出来，表现他们的言行上，不但他们的思想都无一不合乎规矩，不良的邪念也无孔可入，不合法度的行为就无法出现在他们身上了，所以圣人没有过失。

业患不能精，无患有司之不明。行患不能成，无患有司之不公。

——〔唐〕韩愈《进学解》

【释义】只忧虑自己学业不精，不必担心用人部门不明察；只忧虑自己德行修养没成就，不必担忧用人部门不公正。

修身而不能及治者有矣，未有不自己而能及民者。

——〔唐〕刘禹锡《答饶州元使君书》

【释义】修身了却不具备治理能力的人是有的，但不修养自己却能治理民众的却不会有。

有发兮朝朝思理，有身兮胡不如是。

——〔唐〕卢仝《梳铭》

【释义】我头发散乱，早晨时常要梳理。而自己的身体却无法像梳理头发一样按照自己的意愿来改变，无法被自己所掌控。

勇多于仁谓之暴，才多于德谓之妖。

——〔唐〕皮日休《皮子文薮·鹿门隐书六十篇》

【释义】勇猛多于仁爱之德的人叫作凶暴，才能高于品德修养的人叫作妖孽。

有人问我修行法，只种心田养此身。

——〔唐〕吕洞宾《绝句》

【释义】有人问我修养自己的方法，我告诉他，只要修养好自己的心就可以了。

但教方寸无诸恶，狼虎丛中也立身。

——〔五代〕冯道《偶作》

【释义】有人只要心中没有邪恶的念头，就是在最危险的环境里也能安身。

诚无悔，恕无怨，和无仇，忍无辱。

——〔宋〕林逋《省心录》

【释义】诚挚就不会有悔恨，宽厚就不会招埋怨，谦和就不会结仇家，忍让就不会受侮辱。

改过以自赎。

——〔宋〕欧阳修《春秋论下》

【释义】改正过错来自我救赎。

悟则明，惧则恭，奋则勤，立则勇，容则宽。

——〔宋〕宋苏洵《谏论上》

【释义】有领悟就会明达事理，有敬畏就会谦恭平和，能发奋就会勤勉自励，能自立就会有勇气，能包容就会宽厚待人。

静处乾坤大，闲中日月长。若能安得分，都胜别思量。

——〔宋〕邵雍《何处是仙乡》

【释义】只要心境安静，就会感到世界的广大，只要身居安闲，就会感到日月运转的悠长。如果能够安心下来，就比有什么别的想法都强。

克己之私，则心虚见理矣。

——〔宋〕谢良佐，语出朱熹编《上蔡语录》

【释义】克制心中的私欲，就能虚心明理。

未能无欲，欲不行焉之谓大勇；未能无惑，惑不苟解之谓大智。物不苟应，务尽其心之谓大仁；人而不仁，则道义息。

——〔宋〕胡宏《知言·修身》

【释义】人不能没有私欲，不让它任意横行就叫作大勇；人不能没有困惑，不对它任意理解就叫作大智；对事物变化不随便应对，而是要竭尽心志去探求就叫作大仁。一个人如果做不到仁，那么道义就失去了。

为学须觉今是而昨非，日改月化，便是长进。

——〔宋〕朱熹，语出黎靖德编《朱子语类》

【释义】治学修养必须常常觉悟今天与昨天相比取得的进步，每天有所改进，每月有所变化，这就是进步。

心既常惺惺，又以规矩绳检之，此内外交相养之道也。

——〔宋〕朱熹，语出黎靖德编《朱子语类》

【释义】心地常常保持光明，又用各种规范约束检讨行为，这是内外相交提升修养的方法。

众人法君子，君子法圣人，圣人法天地，天地法静虚。静虚至矣。

——〔元〕揭傒斯《静虚解》

【释义】普通人学习君子的品质，君子学习圣人的品质，圣人学习天地的品质，天地学习静虚的品质。静虚是最高的大道。

进则安居以行其志，退则安居以修其所未能，则进亦有为，退亦有为也。

——〔元〕张养浩《牧民忠告》

【释义】出去做事，安心在职位上践行志向，离职回家，安心在家里修习自己的才能，那么就会在职位时有所作为，离任后也有所作为。

万事不可以耳目察，惟虚心以应之；万方不可以智力服，惟诚心以待之。

——〔明〕朱元璋，语出余继登编《皇明典故纪闻》

【释义】任何事情都不能只用耳朵和眼睛观察，只能虚下心来应对；各藩属都不能靠着聪明和才智去征服，只能用诚心去对待。

闻人之谤当自修，闻人之誉当自惧。

——〔明〕胡居仁《居业录·学问》

【释义】听到别人的毁谤，要反过来提升自身修养；听到别人的赞扬，要反过来警诫自己。

种树者必培其根，种德者必养其心。

——〔明〕王阳明《传习录》

【释义】种树的人必然首先培植树根，修养美德的人必须首先修养自己的心。

去了病便是好人，去了云便是晴天。

——〔明〕吕坤《呻吟语》

【释义】改正了缺点，就是好人；散去了乌云，就是晴天。

耳中常闻逆耳之言，心中常有拂心之事，才是进德修行的砥石。若言言悦耳，事事快心，便把此生埋在鸩毒中矣。

——〔明〕洪应明《菜根谭》

【释义】在耳中经常听到不中听的话，心中常常有不如意的事，这才是增进自己德行修养的磨刀石。如果听到的每句话都很动听，遇到的每件事都很顺心，那就是把自己这辈子埋在甜蜜的毒药里了。

今人为学，须持心坚牢如铁壁铜墙，一切毁誉是非，略不为其所动，乃可渐入。

——〔清〕汤斌《常语笔存》

【释义】现在人们修学，必须让自己的心持守得像铜墙铁壁那样坚固，让一些赞誉毁谤是是非非都不能动摇，这样才可渐渐修习进去。

读书做人，不是两件事。将所读之书，句句体贴到自己身上来，便是做人的法。

——〔清〕陆陇其《示大儿定徵》

【释义】读书和做人，从来就不是两件事。把所读过的书，每一句都切实地用到自己的身上，就是做人的法子。

恶人之心无过，常人之心知过，贤人之心改过，圣人之心寡过。寡过故无过，改过故不贰过，仅知过故终有其过，常无过故怙，终而不改其过。

——〔清〕颜元《颜习斋先生言行录·理欲》

【释义】恶人不认为自己有过错，普通人能觉察到自己的过错，贤人会去改正过错，圣人会少犯过错。少犯过错，所以逐渐就没有了

过错；改正过错，所以不会重复犯原来犯过的过错；仅仅觉察到过错
却不改正，最终还会犯过错；不认为自己有过错就会有所凭仗，最终
也不会改正过错。

须知极乐神仙境，修炼多从苦中来。

——〔清〕袁枚《箴作诗者》

【释义】你必须明白，那种极乐神仙的境界，都是通过艰苦的修
炼才得来的。

不能胜寸心，安能胜苍穹？

——〔清〕龚自珍《自春徂秋偶有所触拉杂书之漫不诠次得十五首》

【释义】连自己的心都控制不了，又怎么能在大千世界中有所作
为呢？

人自不如，尤可耻也，然可耻而有可为也。如耻之，莫如自强。

——〔清〕冯桂芬《制洋器议》

【释义】人自己不如他人，是特别可耻的。但是虽然可耻，缺失
可以有所作为的。如果真的认识到了耻辱，那么不如让自己强大起来。

自修之道，莫难于养心。心既知有善知有恶，而不能实用其力以
为善去恶，则谓之自欺。

——〔清〕曾国藩《谕纪泽纪鸿》

【释义】自己修习的正道，没有比养心更难的了。心既然知道有
善恶之分，却不能切实用了去做善事，摒弃恶事，就叫作自欺。

一个人在世界上受到重视和轻视，取决于他的行动，取决于他自己。

——〔古印度〕《五卷书》

教养是有教养的人的第二个太阳。

——〔古希腊〕赫拉克利特《赫拉克利特著作残篇》

要留心，即使当你独自一人时，也不要说坏话或做坏事，而要学得在你自己面前比在别人面前更知耻。

——〔古希腊〕赫拉克利特《赫拉克利特著作残篇》

明智的人必须善于控制自己的欲望，不能轻信旁人的话，发现错误应当改正。做事情之前应当深思熟虑，不要贸然动手。不能像走错了路还要继续前进的人，越走离目标越远，也不能像眼睛里落了灰尘不断用手去揉的人，也许会失去他的眼睛。

——〔阿拉伯〕伊本·穆格法《卡里来和笛木乃》

无论学者、博士、圣徒，也无论圣明雄辩的人物，只要他一旦羡慕浮世的荣华，便是跌在蜜里的苍蝇，永难自拔。

——〔古波斯〕萨迪《蔷薇园》

你要向贤明之士学习善良品性，切不可学习蠢人的险恶心胸。自己的善恶是非要倾听对手批评，在朋友眼中你的作为都是善行。赞扬者的话并不时时对你有益，指责者之言才助你找到真理。

——〔古波斯〕萨迪《果园》

让人家去说长说短！要像一座卓立的塔，决不因暴风雨而倾斜。

——〔意大利〕但丁《神曲》

愿世上人当心，不可鲁莽将事，没有确凿的证据时，不可轻信浮言；没有洞悉原委时不可随意下手，千万不可凭空怀疑，不假思索，而泄一时之愤。

——〔英国〕乔叟《坎特伯雷故事集·伙食司的故事》

被子有多长，脚就伸多远。

——〔西班牙〕塞万提斯《堂吉诃德》

尤其要紧的，你必须对你自己忠实，正像有了白昼才有黑夜一样，对自己忠实，才不会对别人欺诈。

——〔英国〕莎士比亚《哈姆雷特》

凡是在知识上有进展而在道德上没有进展的人，那便不是进步而是退步。

——〔捷克〕夸美纽斯《大教学论》

精神因为懒惰和惯性而依恋于那些使它舒适愉快的事情之上，这种惰性总是为我们的认识设置界限，没有人愿意承担尽其所能地发展和引导他的精神的辛苦。

——〔法国〕拉罗什福科《道德箴言录》

节制是心灵的消极和怠惰，而虚荣则是心灵的积极和勤勉。

——〔法国〕拉罗什福科《道德箴言录》

任何傲慢的胜利者都在促成自己的死亡。我们要当心命运之神；打了胜仗之后，还要提防自己才好。

——〔法国〕拉·封登《愿望》

没有教养、没有学识、没有实践的人的心灵好比一块田地，这块田地即使天生肥沃，但倘若不经耕耘和播种，也是结不出果实来的。

——〔德国〕格里美尔斯豪森《痴儿西木传》

充满了缺点乃是一件坏事，但是充满了缺点而又不肯承认缺点，则是一件更大的坏事；因为它在缺点之上又增加了一项故意制造幻觉的缺点。

——〔法国〕帕斯卡尔《思想录》

在缺乏教养的人身上，勇敢就会成为粗鲁，学识就会成为迂腐，机智就会成为逗趣，质朴就会成为粗鲁，温厚就会成为谄媚。

——〔英国〕洛克《教育漫话》

意识永远是和当下的感觉和思想相伴随的，而且，只有凭借意识，人才对自己是他所谓的自我。

——〔英国〕洛克《人类理解论》

不能忍受他人无理的人也没有多好的修养。

——〔美国〕本杰明·富兰克林《穷理查智慧书》

真正的教育不在于口训而在于实行。我们一开始生活，我们就开始教育我们自己了；我们的教育是同我们的生命一起开始的。

——〔法国〕卢梭《爱弥儿》

处于顺境的时候，良心的谴责就睡着了；处于逆境的时候，良心的谴责就加剧了！

——〔法国〕卢梭《忏悔录》

我经常在晚上发现，自己早上以为蛮不坏，因而自视甚高的看法，其实是错的。

——〔法国〕爱尔维修《论精神》

虔诚不是目的，而是手段，是通过灵魂的最纯洁的宁静而达到最高修养的手段。

——〔德国〕歌德《歌德的格言和感想集》

没有智慧的蛮力是没有什么价值的。

——〔俄国〕克雷洛夫《狮子和人》

一个人做了这样或那样一件合乎伦理的事，还不能说他是有德的；只有当这种行为方式成为他性格中的固定要素时,他才可以说是有道德的。

——〔德国〕黑格尔《法哲学原理》

良心啊，你好比一只警犬，听到大大小小的老鼠稍微动一动，你就会大叫起来，像听到狮子的脚步声一样。

——〔英国〕司各特《肯纳尔沃恩堡》

表里如一，恪守本分，无欺无诈，正人君子为人处世应该这样。

——〔英国〕简·奥斯汀《爱玛》

一个具有良好、温和优雅性格的人，就是在贫乏的环境中也能怡然自得，而一个贪婪、充满嫉妒和怨恨的人，即使他是世界上最富有的人，他的生命也是悲惨的。

——〔德国〕叔本华《人生的智慧》

反躬自省和沉思默想会充实我们的头脑。

——〔法国〕巴尔扎克《两个新嫁娘》

我们应当自行约束，推上食量的门闩，囚禁自己的妄念，并且自请处罚。知道在适当的时候自动管制自己的人就是聪明人。

——〔法国〕雨果《悲惨世界》

伟大的思想逐步实现，化成血和肉：播下的种子开始萌芽，它的敌人——无论是公开的还是隐秘的，谁也不能将它践踏。

——〔俄国〕屠格涅夫《烟》

文明就是要造就有修养的人。

——〔英国〕罗斯金《野橄榄花冠》

骗自己和相信自己的谎话的人，会落到无论对自己对周围都分辨不出真理来的地步，那就会引起对自己和对他人的不尊敬。

——〔俄国〕陀思妥耶夫斯基《卡拉马佐夫兄弟》

倘若你想征服全世界，你就得征服自己。

——〔俄国〕陀思妥耶夫斯基《群魔》

啊，有修养的人多快乐！甚至别人觉得是牺牲和痛苦的事，他也会感到满意、快乐；他的心随时都在欢跃，他有说不尽的欢乐！

——〔俄国〕车尔尼雪夫斯基《怎么办》

要使人成为真正有教养的人，必须具备三个品质：渊博的知识、思维的习惯和高尚的情操。知识不多就是愚昧；不习惯于思维，就是粗鲁或愚笨；没有高尚的情操，就是卑俗。

——〔俄国〕车尔尼雪夫斯基《论崇高与滑稽》

一个人如果自己跟自己作对，就没有办法搭救他。

——〔俄国〕列斯科夫《大堂神父》

一个国家国民的教育程度，最容易从他们在街上的行为和举止看出来了。你在街上的表现就能够说明你的整个教养。

——〔意大利〕亚米契斯《爱的教育》

每种首创事业的成功，最要紧的还是所有当事人的基本训练。

——〔俄国〕马明－西比利亚克《普里瓦洛夫的百万家私》

无论何人，只需完成了训练，认识了真理，便都能增加抵抗不道德危险的力量，尽管他的道德标准在某方面与一般人不同。

——〔奥地利〕弗洛伊德《精神分析引论》

璀璨夺目的金刚石本身就好比学问，金刚石放出的光华就好比教养。石头有的只是重量，而光华中才蕴涵着真正的价值。

——〔印度〕泰戈尔《最后的诗篇》

一个勇敢而率真的灵魂，能用自己的眼睛观照，用自己的心去爱，用自己的理智去判断；不做影子，而做人。

——〔法国〕罗曼·罗兰《先驱者》

人们只能在吃不明智的亏以后，才会变得明智起来。

——〔法国〕罗曼·罗兰《母与子》

我们不得不饮食，睡眠，游惰，恋爱，也就是说，我们不得不接触生活中最甜蜜的事情；不过我们必须不屈服于这些事物。在做这些事的时候，我们必须保持我们一心从事的一些思想，使它们仍居优越地位，使它们在我们的可怜头脑中继续冷静地进行。

——〔法国〕居里夫人，语出艾芙·居里著《居里夫人传》

当剧院失火时，理智的人和惊慌失措的人都同样清楚地预见到了灾祸。不过，理智的人采取可能减小灾祸的行动，而惊慌失措的人反而使灾祸扩大。

——〔英国〕罗素《我的信仰》

良心是我们每个人心头的岗哨，它在那里值勤站岗，监视着我们别做出违法的事情来。它是安插在自我的中心堡垒中的暗探。

——〔英国〕毛姆《月亮和六便士》

我认为，在受挫折的武库中最强大的武器是忍耐，我却具有很大的耐心。我可以等待。

——〔德国〕康拉德·阿登纳，语出尼克松著《领袖们》

唯有强烈自我反省的人，才能透彻地了解自己。换句话说，就是能把自己看得很清楚，我称之为"自我审察"。把自己的心从身体中分隔出来，再从外界仔细地审视。能做到这个地步的人，即可诚恳无私地了解自己。

——〔日本〕松下幸之助《经营者 365 金言》

自我实现的创造性强调的是性格上的品质，如大胆、勇敢、自由、自主性、明晰、整合、自我认可，即一切能够造成这种普遍化的自我实现创造性的东西，或者说是强调创造性的态度、创造性的人。

——〔美国〕马斯洛《存在心理学探索》

人有转祸为福的能力。这种能力，通过跨越和扭转失败，勇敢地站起来开始下一段人生来检验。只有充分发挥这种能力而重整旗鼓的人，才是伟大的人物。说到底，人生是一场比赛，你必须取胜。

——〔日本〕池田大作《青春寄语》

求

PART 06

▼

求知：让头脑永葆充盈

知

言语、文字二事，系生人必具之能。人不知书，其去禽兽也，仅及半耳。

——严复《救亡决论》

人类为什么原故要求学呢？求学的意思便是求知识。因为世界上有很多的事情，很多的道理，都是我们不知道的。又因为世界的文明，要有知识才能够进步，有了知识那个进步才很快。

——孙中山《知难行易》

知识者，人事之基本也。人事之种类至繁，而无一不有赖于知识。

——蔡元培《修学》

人类文化所以能成立，全由于一人的知识能传给多数人，一代的知识能传给次代。

——梁启超《科学精神与东西方文化》

我们要用辩证法、古今中外法，把古今结合、中外结合，变为我的。像吃牛肉也好，吃狗肉也好，吃下去了，把它变为我的肉，这就对了，绝不是说吃了狗肉我就变成了狗肉。

——徐特立《对牛顿应有的认识》

我们自动的读书，即嗜好的读书，请教别人是大抵无用，只好先行泛览，然后抉择而入于自己所爱的较专的一门或几门；但专读书也有弊病，所以必须和现实社会接触，使所读的书活起来。

——鲁迅《读书杂谈》

读死书是害己，一开口就害人；但不读书也并不见得好。

——鲁迅《花边文学·读几本书》

从闻见得来的是知识，由自己体究，能将各种知识融会贯通，成立一个体系，名为思想。孔子所谓知，即是指此思想体系而言。

——马一浮《对毕业诸生演词》

不学习就会落后，就不能跟社会一道前进。

——朱德《在铁道兵第五次庆功大会上的讲话》

凡是一种学问，或是一种知识，必于人生有用，才是真的学问，真的知识。

——李大钊《史学要论》

知识是引导人生到光明与真实境界的灯烛，愚昧是达到光明与真实境界的障碍，也就是人生发展的障碍。

——李大钊《危险思想与言论自由》

文字是传播知识的工具，也是寻求知识的锁钥。

——晏阳初《平民教育的意义》

我有八位好朋友，肯把万事指导我。你若想问真姓名，名字不同都姓何：何事、何书、何人、何故、何时、何地、何去，好像弟弟与哥哥。还有一个西洋派，姓名颠倒叫几何。若向八贤常请教，虽是笨人不会错。

——陶行知《八位顾问》

书是要整本整本读的，若是东捞西摸，不求甚解，只要尝些油汤，那是不能有好结果的。

——刘半农《为免除误会起见》

好事流芳千古，良书播惠九州。

——郭沫若《题天一阁联》

人是活的，书是死的。活人读死书，可以把书读活。死书读活人，可以把书读死。

——郭沫若《游太湖蠡园为游人题词》

少年学问寡成，壮岁事功难立。

——毛泽东《致萧子升的信》

知识的问题是一个科学问题，来不得半点的虚伪和骄傲，决定地需要的倒是其反面——诚实和谦逊的态度。

——毛泽东《实践论》

读书是学习，使用也是学习，而且是更重要的学习。

——毛泽东《毛泽东选集》

你不能赤手空拳地开始你的行程，你必须用知识把自己武装起来，你必须锻炼出健壮的身体和足够的勇气。

——宋庆龄《宋庆龄选集》

科学的方法，所得的是知识，玄学的方法天然不能得到知识，顶多只能算作主观意见而已。

——梁漱溟《东西文化及其哲学》

理化算数者，无坚固之良知盾其后，适足为亡国之利器也。

——汤用彤《理学谵言》

学习是自己的事，自己要学习，在任何环境里都能够自学，都能够学到切实有用的知识。

——叶圣陶《立志自学》

愚而自用，灾必及身。

——恽代英《自讼语》

求知之心只引起更大更难抑制的求知之心。

——林语堂《啼笑皆非》

书本上的知识而外，尚须从生活的人生中获得知识。

——茅盾《个性问题与天才问题》

知识了解了一切，同时就已创造了一切，人的行动当然也包含在内。

——朱光潜《看戏与演戏》

青年是黄金时代，要学习、学习、再学习。

——周恩来《为王德怀题词》

读书主要靠自己。有好的老师当然很好，没有好的老师，一个人也能摸索出适合自己的读书方法，把书读好。

——严济慈《读书主要靠自己》

我们有了丰富的知识，才可以深刻地去认识一切真理，然后才可以依据了所认识的真理，去解决我们的一切问题。所以，无论什么人都需要知识，都应该求知识。

——李公朴《求知识的三条路》

只有愚昧无知的人才会随便读到一部作品就全盘接受，因为他头脑空空，装得下许多东西。

——巴金《再谈探索》

光读书而无生活，只尝得到间接的经验，和吃嚼过的饭差不多，光生活而不读书，却势必空虚、狭小。

——李霁野《漫谈读书》

心愈用愈灵，学愈研愈精。

——傅抱石《中国绘画变迁史纲》

读书要与懒惰作斗争，要订出一个切实的读书计划，照着去办，坚持不懈。

——陈云《学习是共产党员的责任》

有道德而没有学问，尚只是"半人半禽兽"；如有学问而没有道德，则其罪其害，即视禽兽为有加。

——蔡尚思《中国思想研究法》

知识有如人体血液一样的宝贵。人缺少了血液，身体就要衰弱，人缺少了知识，头脑就要枯竭。

——高士其，语出肖承运、庄之明《细菌学家、科普作家高士其》

做学问的功夫，是细嚼慢咽的功夫。这好比吃饭一样，要嚼得烂，方好消化，才会对人体有益，生吞活剥，不仅难以消化，而且容易引起肠胃病。

——陶铸《理想情操精神生活》

为学最重要的是"通"，通才能不拘泥，不迂腐，不酸，不八股；"通"才能培养气节、胸襟、目光；"通"才能成为"大"，不大不博，便有坐井观天的危险。

——傅雷《傅雷家书》

知识是人类文化财富最重要的部分，而取得这份财富，读书有如开宝库的钥匙，不用它就不能进去，用它，大难就可以变为很容易。

——张中行《顺生论》

有老师指点你，很好，但没有老师也不要气馁，人的一生，随着老师走是短暂的，而独辟蹊径是主要的。

——华罗庚《学习学习再学习》

不论学习什么，先要知道自己。不明白自己的思想底子而去学人家的，很难学进去，或则进去了又出不来。

——金克木《文化厄言》

获取知识，就是认识客观世界，不仅是个手段，也是个目的，因为这不是件个人的事，而是为社会、为后代积累共同的财富，为人类不断发展做出努力。

——费孝通《曾著〈东行日记〉重刊后记》

科学有自己的规律，不能"走捷径"，一步登天。要脚踏实地，一步一个脚印，养成严谨的科学态度。宁可进度慢一点，一定要把道理弄懂弄通弄准。

——卢嘉锡《贵在勤学苦练》

贫穷并不可怕，而可怕的却是愚昧；却是愚昧而又自以为聪明，一意孤行。

——冯英子《治大国若烹小鲜》

和人谈话也是接纳新知的一个重要法门。

——秦牧《读一本无字的大书》

学问是积累起来的，所以必须先学习别人所做的东西，然后才可能有自己的见解。不过在学习过了一个相当程度以后，就必须要发展自己的见解，不能老跟着当时"权威性"的看法跑。

——杨振宁《学习方法的几点建议》

遇事要敢于问个为什么，错了也没关系，不要怕错，有错马上就改，可怕的倒是提不出问题，迈不出第一步。

——〔美国〕李政道《希望同学们早日成才》

我以为人生最值钱的东西，是脑袋里的知识。

——袁隆平，语出祁淑英著《袁隆平传》

学问有时代性，知识有淘汰性。上下两代对知识和学问的观念、要求、需要不必尽同，但人们却并不经常意识到这一点。

——李泽厚《新春话知识》

学而后知不足，立志而后知不足，投入而后知不足。

——王蒙《不烦恼：我的人生哲学》

钉子有两个长处：一个是挤劲，一个是钻劲。我们在学习上，也要提倡这种"钉子"精神，善于"挤"和善于"钻"。

——雷锋《雷锋日记》

无知还不那么可怕，最可怕的是不肯正视、不肯承认无知。

——陈祖芬《爱是圆的》

读书如果不是一种消遣，那是相当熬人的，就像长时间不间断地游泳，使人精疲力竭，有一种随时溺没的感觉。

——路遥《早晨从中午开始》

名著是一种财富，读通了它们，世界的真谛、生活的原则便掌握在手。

——秦文君《我属马》

书的功能不是一吃即灵的特效药，书是雨露、阳光和好空气，它给人带来的益处是悄悄来临的。

——迟子建《宁静的辉煌》

不学墙面，莅事惟烦。

——《尚书·周书·周官》

【释义】不学习就像面对着墙，什么也看不到；一旦要处理事情，只会搞得纷乱不堪。

有匪君子，如切如磋，如琢如磨。

——《诗经·卫风·淇奥》

【释义】有位文雅的君子，他努力进德修业，就像切断骨材、磨制象牙、雕琢玉石、打磨石器一样精益求精。

士不厌学，故能成其圣。

——〔春秋〕管仲《管子·形势解》

【释义】士人毫不厌倦地学习，所以能成为圣明之人。

我非生而知之者，好古，敏以求之者也。

——〔春秋〕孔子，语出《论语·述而篇》

【释义】我不是天生就有知识的人，而是爱好前人留下的知识，认真去学习求知的人。

知之为知之，不知为不知，是知也。

——〔春秋〕孔子，语出《论语·为政》

【释义】懂得了就是懂得了，不懂就是不懂，这才是真正的智慧。

少而不学，长无能也。

——〔春秋〕孔子，语出《孔子家语·三恕》

【释义】少年时不努力学习，长大了就不会有本领。

人之有学也，犹木之有枝叶也。木有枝叶，犹庇荫人，而况君子之学乎？

——〔春秋〕范鞅，语出左丘明《国语·晋语》

【释义】我人有学识，就像树有枝叶。树有了枝叶，还可以给人提供树荫，何况君子的学识呢？

尽信书，则不如无书。

——〔战国〕孟子，语出《孟子·尽心下》

【释义】完全相信《尚书》的记载，还不如没有读过《尚书》。

吾尝终日而思矣，不如须臾之所学也。

——〔战国〕荀子，语出《荀子·劝学》

【释义】我曾经一天到晚思索，但还不如学习一会儿的收获大。

君子博学而日参省乎己，则知明而行无过矣。

——〔战国〕荀子，语出《荀子·劝学》

【释义】君子广博地学习并且天天检查反省自己，那就会变得聪明通达而且行为没有过失了。

玉不琢，不成器；人不学，不知道。

——〔汉〕戴圣《礼记·学记》

【释义】玉石不经过雕琢，就不能变成有用的器物；人不经过学习，就不会明白人间的大道。

人皆知以食愈饥，莫知以学愈愚。

——〔汉〕刘向《说苑·建本》

【释义】人们都知道用食物解决饥饿的问题，却没有人知道用知识避免愚昧。

胸中不学，犹手中无钱也。

——〔汉〕王充《论衡·量知》

【释义】胸中没有学问，就好像是手中没有钱财。

虽有至圣，不生而知；虽有至材，不生而能。

——〔汉〕王符《潜夫论·赞学》

【释义】虽然有圣人的天资，也不会生下来就有知识；虽然是第一流的人才，也不是生下来就有本事的。

马虽有逸足，而不闲舆，则不为良骏；人虽有美质，而不习道，则不为君子。

——〔汉〕徐干《中论·治学》

【释义】马虽然有善于奔驰的蹄子，却不能熟练地拉车，就无法成为好马；人虽然有好的天资，却不学习正道，就无法成为君子。

学须静也，才须学也。非学无以广才，非志无以成学。

——〔三国〕诸葛亮《诫子书》

【释义】求学必须静心专注，增长才干必须通过学习。不学习就不能扩展自己的才干，没有志向就不能学有所成。

读书百遍其义自见。

——〔三国〕董遇，语出《三国志·魏志·董遇传》裴松之注

【释义】一本书反复阅读多遍，自然能领会它的精义。

不学而求知，犹愿鱼而无网焉，心虽勤而无获矣。

——〔晋〕葛洪《抱朴子·勖学》

【释义】不学习就想得到知识，好比是想捕鱼却没有网，心情虽然迫切，但不会有收获。

好读书，不求甚解；每有会意，便欣然忘食。

——〔晋〕陶渊明《五柳先生传》

【释义】喜欢读书，但不对书的字句做过分的解读；每次能够对书中内容有所领会的时候，就会高兴得忘记吃饭。

生也有涯，无涯惟智。逐物实难，凭性良易。

——〔南北朝〕刘勰《文心雕龙·序志》

【释义】生命是有限的，知识是无限的。追求完全理解万物确实有困难，凭着天性去接触理解它们就比较容易了。

所以读书学问，本欲开心明目，利于行耳。

——〔南北朝〕颜之推《颜氏家训·勉学》

【释义】人之所以读书求学，从根本上讲就是为了开阔胸襟、明察是非，从而有利于做实事。

黑发不知勤学早，自首方悔读书迟。

——〔唐〕颜真卿《劝学》

【释义】青年时期不知道抓紧时间勤奋学习，等到年老的时候才后悔没好好读书，可是已经晚了。

读书破万卷，下笔如有神。

——〔唐〕杜甫《奉赠韦左丞丈二十二韵》

【释义】把万卷书都读破了（领会了），写东西就会如有神助。

击石乃有火，不击元无烟。人学始知道，不学非自然。

——〔唐〕孟郊《劝学》

【释义】打击火石才会有火花，不打的话，连点烟都没有。人只有学习才能理解大道，如果不学习，知识是不会从天上掉下来的。

读书患不多，思义患不明。患足已不学，既学患不行。

——〔唐〕韩愈《赠别元十八协律六首》

【释义】读书忧虑不够多，忧虑无法理解书的要义。忧虑自满不想再去学习，学过后还要忧虑不能学以致用。

莫言大道人难得，自是功夫不到头。

——〔唐〕吕岩《绝句》

【释义】不要说大道难以求得，归根结底还是你下的功夫不够。

知不足者好学，耻下问者自满。

——〔宋〕林逋《省心录》

【释义】知道自己不足的人，就喜欢学习；耻于向地位低于自己的人请教的人，就会自满。

君子之学也，其可一日而息乎？

——〔宋〕欧阳修《杂说三首》

【释义】君子增长学问，怎可以有一天停息？

为学大益，在自能变化气质。

——〔宋〕张载《经学理窟·义理》

【释义】求学最大的好处，在于能不知不觉地改变自己的气质。

物变极万殊，心通才一曲。读书谓已多，抚事知不足。

——〔宋〕王安石《寄吴冲卿》

【释义】事物的变化千差万别，人能够领会的只是其中一小部分。说起来读书已经很多了，可是在处理事情的时候还是会感到不够用。

自得者所守不变，自信者所守不疑。

——〔宋〕程颐，语出杨时编《河南程氏粹言·论学篇》

【释义】自己学习体悟所得，会始终坚守不变；自己确信的东西，会始终坚持不怀疑。

读书欲精不欲博，用心欲纯不欲杂。读书务博，常不尽意；用心不纯，讫无全功。

——〔宋〕黄庭坚《书赠韩琼秀才》

【释义】读书要精读而不要追求广博，用心要纯粹而不要杂念太多。读书求广博，常常无法完整领会书的含义；用心不纯粹，最终无法收获全功。

古人学问无遗力，少壮工夫老始成。纸上得来终觉浅，绝知此事要躬行。

——〔宋〕陆游《冬夜读书示子聿》

【释义】古人求知治学是不遗余力的，他们年轻时下功夫，到老年才有所成就。但是书本中的知识还是有些肤浅，必须经过亲身实践，才能变成自己的东西。

半亩方塘一鉴开，天光云影共徘徊。问渠那得清如许，为有源头活水来。

————〔宋〕朱熹《观书有感》

【释义】半亩见方的池塘像一面打开的镜子，阳光、云影在水面上闪耀浮动。问问它为什么清澈到这个地步呢，原来是因为有水源地在为它不断输送流动的活水。

十年窗下无人问，一举成名天下知。

————〔元〕高明《琵琶记》

【释义】读书人在寒窗下默默苦读多年也不会有人理，可一旦考取功名，就会名扬天下。

书卷多情似故人，晨昏忧乐每相亲。

————〔明〕于谦《观书》

【释义】书就像情真意切的故人，每天从早到晚，每次心忧或欢乐，都会和它亲近。

为学大病在好名。

————〔明〕王阳明《传习录》

【释义】读书求学最大的毛病在于喜好虚名。

学是愚夫愚妇能知能行者，圣人之道不过欲人皆知皆行。

——〔明〕王艮《王心斋先生全集·语录》

【释义】学问就算是普通人也能够学到，能够实行，圣人的大道不过是让人人都能够学习，能够实行罢了。

根本固者，华实必茂；源流深者，光澜必章。

——〔明〕张居正《翰林院读书说》

【释义】树根扎得坚固的，它开的花才会茂盛，结的果才会繁多；河流的水源深邃的，它的水流才能水波清澈，波浪华丽。

君子贵才学，以成身也，非以矜己也；以济世也，非以夸人也。

——〔明〕吕坤《呻吟语》

【释义】君子重视增长才干学问，是用它来完善自己，而不是用来炫耀的；是用它来经世济民，而不是用来向别人夸耀的。

学术于事功，犹水之源、木之本也。

——〔明〕周汝登《郡守拙斋萧侯崇祀记》

【释义】一个人的学问对他的功业来说，就像是水源对于河流、树根对于树木一样。

但患不读书，不患读书无所用。

——〔明〕朱舜水《送林道荣之东武序》

【释义】只怕不去读书，不怕读了书却没有应用的机会。

人之为学，不日进则日退。

——〔明〕顾炎武《与友人书》

【释义】一个人读书求学，不能每天进步，就会每天退步。

独学无友，则孤陋而难成；久处一方，则习染而不自觉。

——〔明〕顾炎武《与友人书》

【释义】一个人独自学习没有学友交流，那么就会因为孤陋寡闻而难有成就；长期在一个地方，就会受环境的影响而自己不能觉察。

口头说出，笔下写出，不如身上做出。

——〔清〕颜元《颜习斋先生言行录》

【释义】嘴里能够讲出来，笔下能够写出来，不如身体力行做出来。

读书破万卷，胸中无适主。便如暴富儿，颇为用钱苦。

——〔清〕郑板桥《赠国子学正侯嘉瑶弟》

【释义】读书很多，心里却没有自己的主张。这就像是暴发户们为不知如何用钱而感到痛苦。

盖士人读书，第一要有志，第二要有识，第三要有恒。有志则断不甘为下流；有识则知学问无尽，不敢以一得自足，如河伯之观海，如井蛙之窥天，皆无识者也；有恒才断无不成之事。此三者，缺一不可。

——〔清〕曾国藩《曾国藩家训》

【释义】所有读书人读书，第一要有志气，第二要有见识，第三要有恒心。有志气的人，一定不甘心追求低俗；有见识的人，就会懂得学问没有止境，不会因为有一点儿领悟而满足，像河伯看到大海、青蛙坐井观天那样的，都是没有见识的人；有恒心的人，就一定没他做不成的事情。这三个方面，是缺一不可的。

不要企图无所不知，否则你将一无所知。
——〔古希腊〕赫拉克利特《赫拉克利特著作残篇》

无论是天资比较聪明的人或是天资比较鲁钝的人，如果他们决心要得到值得称道的成就，都必须勤学苦练才行。
——〔古希腊〕苏格拉底，语出色诺芬《回忆苏格拉底》

心灵中的黑暗必须用知识来驱除。
——〔古罗马〕卢克莱修《物性论》

在有一定的先天条件下，就应去刻苦地学习。这样即使不能成为智者，也能学识渊博，二者必居其一，而不会无所作为。正像人们所说的："成不了大丈夫，也比不出世好。"
——〔古波斯〕昂苏尔·玛阿里《卡布斯教诲录》

虔诚而无学识的人，如同徒步的旅客；有学识而不肯勤修的人，如同昏睡的骑者。
——〔古波斯〕萨迪《蔷薇园》

对一件东西的爱好是由知识产生的，知识愈准确，爱好也就愈强烈。要达到这准确，就须对所应爱好的事物全体所由组成的每一个部分都有透彻的知识。

——〔意大利〕达·芬奇《达·芬奇笔记》

在世界上，没有一个人能表明他能占有人生的全部。所以，人渴望学习，对向别人学习决不要脸红，为什么向别人学习要感到羞耻呢？人类向动物学习了很多事情也没觉得羞耻。

——〔西班牙〕玖恩·维夫斯《学者的生活和性格》

认识自己的无知是认识世界的最可靠的方法。那些既已看到自己或别人的虚浮的榜样还不愿意承认自己无知的人，就请他们听听苏格拉底的训诫去认识这一点吧。

——〔法国〕蒙田《众师之师——人类的无知》

知识就是力量。

——〔英国〕培根《新工具》

狡诈者轻鄙学问，愚鲁者羡慕学问，唯聪明者善于运用学问。

——〔英国〕培根《论求知》

有些书只需浅尝，有些书可以狼吞，有些书要细嚼烂咽、慢慢消化。也就是说，有的书只需选读，有的书只需浏览，有的书却必须全部精读。

——〔英国〕培根《论读书》

学问是我们随身的财产，我们自己在什么地方，我们的学问也跟着我们在一起。

　　　　　　　　　　　　　——〔英国〕莎士比亚《爱的徒劳》

我发现，"我想，所以我是"这条真理是十分确实、十分可靠的，怀疑派的任何一条最狂妄的假定都不能使它发生动摇，所以我毫不犹豫地予以采纳，作为我所寻求的那种哲学的第一条原理。

　　　　　　　　　　　　　——〔法国〕笛卡儿《谈谈方法》

为了正确地了解事物，应当知道其中的细节，而由于细节几乎是无限的，我们的知识就始终是浮浅和不全面的。

　　　　　　　　　　　　　——〔法国〕拉罗什福科《道德箴言录》

才智作为一种可能性，只有通过知识和学问，才能付诸实现；这就是说，人的理性有能力做到一切事情,但若没有勤奋不懈地实践，就一事无成。这种知识或者实践就是心灵的完美，这种完美绝非天生固有。

　　　　　　　　　　　　　——〔德国〕格里美尔斯豪森《痴儿西木传》

人的全部尊严在于思考的力量。

　　　　　　　　　　　　　——〔法国〕帕斯卡尔《思想录》

思索是谨慎之母。

　　　　　　　　　　　　　——〔意大利〕维柯《新科学》

书读得越多而不加思考，你就会觉得你知道得很多。可是，当你读书而思考得越多的时候，你就会清楚地看到你知道得还很少。

——〔法国〕伏尔泰《哲学辞典》

虽然人的智力不能把所有的学问都掌握，而只能选择一门，但如果对其他科学一窍不通，那他对所研究的那门学问也就往往不会有透彻的了解。

——〔法国〕卢梭《忏悔录》

人不光是靠他生来就拥有的一切，而是靠他从学习中所得到的一切来造就自己。

——〔德国〕歌德《歌德的格言和感想集》

一个人不能骑两匹马，骑上这匹，就要丢掉那匹。聪明人会把凡是分散精力的要求置之度外，只专心致志地去学一门，学一门就要把它学好。

——〔德国〕歌德，语出《歌德谈话录》

无知的人就跟猪一样的盲目，他们嘲笑知识，讥笑学问，鄙夷地把学术上的成就一脚踢开，却不知道他们自己正享受着学术上的一切成果哩。

——〔俄国〕克雷洛夫《克雷洛夫寓言》

无知者是不自由的，因为和他对立的是一个陌生的世界。

——〔德国〕黑格尔《美学》

我的箴言始终是：无日不动笔；如果我有时让艺术之神瞌睡，也只为要使它醒后更兴奋。

——〔德国〕贝多芬《贝多芬致韦格勒书》

对作战知识来说比对其他任何知识更为重要，那就是必须把知识融会贯通，变成自己的东西。

——〔德国〕克劳塞维茨《战争论》

我认为人生最美好的主旨和人类生活最幸福的结果，无过于学习了。

——〔法国〕巴尔扎克《驴皮记》

对什么都学过一点儿。不过只是一点儿皮毛。

——〔法国〕雨果《笑面人》

学识、道德、权能，是人克服了他的穷困的胜利品，是人向控制全世界的进军。

——〔美国〕爱默生《爱默生文选》

勤勉而顽强地钻研，永远可以使你百尺竿头更进一步。

——〔德国〕罗伯特·舒曼《舒曼论音乐与音乐家》

学问是光明，无知是黑暗。

——〔俄国〕屠格涅夫《处女地》

只有正视自己的无知，才能扩大自己的知识。

——〔俄国〕乌申斯基《人是教育的对象》

愚昧从来没有给人们带来幸福；幸福的根源在于知识。

——〔法国〕左拉《真理》

在古代，科学是很难获得尊崇和赞扬的，即便对科学最热心的学人也把追求道德放在首位；把知识当作道德的最佳工具加以赞美，这就已经是对知识的最高奖赏了。知识不愿只当工具，这在历史上还是新鲜事哩。

——〔德国〕尼采《快乐的科学》

我们觉得知识是宝贵的，因为我们永远来不及使知识臻于完善。

——〔印度〕泰戈尔《园丁集》

你得到的知识，无论多少，必须是你自己的，用你自己的心来滋养，是你自己不受羁勒而努力的成果。

——〔法国〕罗曼·罗兰《先驱者》

我读过无数的坏书，然而它们对我也有益处。应该知道生活中的坏事物像知道好的那样清楚和准确。应该尽可能知道得多些，经验越是多种多样，人就越得到提高，人的眼界就越广阔。

——〔苏联〕高尔基《我怎样学习和写作》

人的知识愈广，人的本身也愈臻完善。

——〔苏联〕高尔基《文学的世界性》

学习是幸福，而人们总在学习。人们知道得越多，学习的能力就越大。

——〔法国〕阿兰《论幸福——幸福的艺术》

没有知识的爱与没有爱的知识，都不可能产生高尚的生活。

——〔英国〕罗素《高尚的生活》

一个什么都要涉猎、玩赏的人，在学术上肯定不会造诣很深的。

——〔英国〕毛姆《人生的枷锁》

做学问要具备不怕死的精神，而后才能达到理想的境界。

——〔美国〕维克托·赫斯，
语出《诺贝尔奖获得者论科学思想、科学方法与科学精神》

我们的知识，仅以这样的方式为我们服务：在你需要它的时候，它会自己跑出来，既不讲什么逻辑性，也没有论证过程，因为时间不允许。

——〔法国〕安德列·莫洛亚《生活的艺术》

幸福只属于知识丰富的人。一个人懂得愈多，他就愈能清楚地在那些知识贫乏的人无法发现诗意的地方发现诗意。

——〔苏联〕帕乌斯托夫斯基《浪迹天涯的缪斯》

书不像工具，它不是达到任何目的的一种手段，它所献身的目的就是读者的自由。

——〔法国〕萨特《为何写作》

他们觉得不管一个人有什么其他特点，只要某一方面比自己有所长，就可以向他学习。在这种学习关系中，他们并不试图维护任何外在的尊贵或者保持地位、年龄之类的优越感。

——〔美国〕马斯洛《动机与人格》

一本书读上几百遍，成为自己的血和肉，应用到自己的生活中去，一定很有裨益。

——〔日本〕池田大作《青春寄语》

节

PART 07

▼

节操：被人接纳的秘密

操

自侮而后人侮，自伐而后人伐。

——严复《有如三保》

重于利人者，每每至到牺牲自己亦乐而为之；重于利己者，每每出于害人亦有所不惜。

——孙中山《孙中山全集·三民主义》

我们良心上觉得应该做的，照着去做，便是仁。

——张元济《〈编写中华民族的人格〉的本意》

道德不是记熟几句格言，就可以了事的，要重在实行。

——蔡元培《普通教育和职业教育》

公德者何？人群之所以为群，国家之所以为国，赖此德焉以成立者也。人也者，善群之动物也。人而不群，禽兽奚择。而非徒空言高论曰群之群之，而遂能有功者也；必有一物焉贯注而联络之，然后群之实乃举，若此者谓之公德。

——梁启超《论公德》

凡人类之智德，非能完全者也。虽甚美，其中必有恶者存；虽甚恶，其中必有美者存。

——梁启超《〈国风报〉叙例》

自己尊重人格，同时还须尊重他人人格；互相尊重，实为人与人间最理想的境地。

——黄炎培《中华职业学校成立三十周年告学业和肄业诸同学》

道义的行为，是知道为什么应该如此，是偏于后天的知识；情感的行为，不问为什么，只是情愿如此，是偏于先天的本能。道义的本源，自然也出于情感，逆人天性（即先天的本能）的道义，自然算不得是道义；但是一经落到伦理的规范，便是偏于知识理性的冲动，不是自然的纯情感的冲动。

——陈独秀《基督教与中国人》

人生毕竟有忘我，利他的崇高道德，发自良知。

——熊十力《存斋随笔》

养成他们有耐劳作的体力，纯洁高尚的道德，广博自由能容纳新潮流的精神，也就是能在世界新潮流中游泳，不被淹没的力量。

——鲁迅《我们现在怎样做父亲》

无论什么黑暗来防范思潮，什么悲惨来袭击社会，什么罪恶来亵渎人道，人类的渴仰完全的潜力，总是踏了这些铁蒺藜向前进。

——鲁迅《生命的路》

道德这事，必须普遍，人人应做，人人能行，又于自他两利，才有存在的价值。

——鲁迅《坟·我之节烈观》

无私方是德，能大方是道。

——马一浮《复性书院讲录》

要世上没有"恶"，是将来世界的事。

——谢觉哉《论打落水狗》

凡事不杂以私心，虽不济人，当谅之。

——邵飘萍《振青随笔》

将自己的东西给予别人，还是容易的事，要将不是自己的东西当作自己的所有来享乐，却是一件大大的难事。

——夏丏尊《读书与冥想》

人类若是想求生存，想享幸福，应该互相友爱。

——李大钊《新纪元》

每一个人要把自己当成人，也要把别人当成人，事实是先要把别人当成人，然后自己才能成为人。

——郭沫若《郑成功》

自立不是孤高，不是自扫门前雪。我们不但是一个人，并且是一个人中人。人与人的关系是建筑在互助的友谊上。

——陶行知《晓庄三岁敬告同志书》

最重要的时候，就是现在；最重要的人，就是你对面的人；最重要的事，就是待人好。

——陶行知《三个问题》

凡事忍耐，多想自己缺点，增益其所不能；照顾大局，只要不妨大的原则，多多原谅人家。

——毛泽东《毛泽东文集》

这人对那人的道德，就是私德。

——梁漱溟《东西文化及其哲学》

苦乐者，万善之动机也，亦万恶之所出也。

——汤用彤《快乐与痛苦》

知善之可为而不为，是谓放心，是谓懦夫，是谓自弃。

——汤用彤《理学谵言》

道德必须求其能够见诸践履，意识必须能够化为行动。

——叶圣陶《对于国文教育的两个基本观念》

一切利他的行为，都可以作为一种利己的方法。

——冯友兰《新原人》

一个行为与社会有利即是善。

——冯友兰《论风流》

卫生不是乞丐好讲的话，道德亦不能责成饿肚的人。

——恽代英《基督教与人格救国》

我们所做的工作，尽管有种种的差异，但是待人的态度却可以一致，那就是都应该诚恳、和蔼、虚心。

——邹韬奋《事业管理与职业修养》

良心不死，终当可敬，士气不衰，总有可为。

——成仿吾《士气的提倡》

只有佩服，没有崇拜；因为崇拜的心理，易使行为入于盲从。

——茅盾《佩服与崇拜》

为了党和革命的利益，他对待同志最能宽大、容忍和"委曲求全"，甚至在必要的时候能够忍受各种误解和屈辱而毫无怨恨之心。

——刘少奇《论共产党员的修养》

对自己应该自勉自励，应该严一点，对人家应该宽一点，"严以律己，宽以待人"。

——周恩来《团结广大人民群众一道前进》

在平常的谈话里，敬意和同情似乎比真理重要得多。

——朱自清《很好》

我对一切人和事，都取和平的态度，把吃亏当作当然的。但是，在做人上，我有一定的宗旨与基本法则，什么事都可将就，而不能超过自己画好的界限。

——老舍《我的母亲》

一个人好，大家都好，这点好处才有用，正是如鱼得水。一个人好，而大家不都好，个人的好处也许就是让他倒霉的祸根。

——老舍《我这一辈子》

太主观的关心，常常会使对方感到不快意的。

——夏衍《春寒》

决不要轻视或鄙视任何思想落后与思想复杂的人。

——张闻天《论待人接物问题》

尊重旁人，并不是卑视自己。

——沈从文《给一个写小说的》

德治的出发点是对人的尊重，是对人性的信赖。

——徐复观《儒家政治思想的构造及其转进》

我们不要因为过去谁整过自己就记仇。对同志不要记仇，要不念旧恶。我们这些人不会没有缺点，有缺点要允许人家批评。

——邓小平《在中央军委全体会议上的讲话》

人们温情地放纵我们的弱点是最容易刺动我们麻木的良心。

—— 梁遇春《"春朝"一刻值千金》

只有自尊自重，才能为别人所尊所重。

——吴晗《是谁在辱国？谁在殃民？》

欺人是一种手段，圣贤不得已而用之；自欺却是一种愚蠢的行为，没有什么用处的。

——王力《著名》

道与德是最尊贵的，人能实行道德，也就具有崇高的价值了。

——张岱年《中国哲学中的价值学说》

道德观念是在社会里生活的人自觉应当遵守社会行为规范的信念。它包括着行为规范，行为者的信念和社会的制裁。

——费孝通《乡土中国》

搬弄是非者是催命鬼，谈空话者非真知己。少说闲话，少生闲气，争地位，患得失，更无道理。

——华罗庚《述怀》

一切有着自卑感的人都必须自己首先挺起腰板来，旁人才能以平等待他。

——萧乾《理想与出路》

自私与贪婪相结合，会孵出许多损害别人的毒蛇。

——艾青《无题》

世界上的大罪恶，大残忍——没有比残忍更大的罪恶了——大多是真有道德理想的人干的。没有道德的人犯罪，自己明白是罪；真有道德的人害了人，他还觉得是道德应有的代价。

——钱锺书《谈教训》

明知故犯的是罪恶，是污点。不知而偶犯的，才是过失。

——叶紫《病中日记》

每个人都有缺点，正像每个人都有好处一样。如果你只注意别人的缺点，那你就会处处碰到敌人，把自己陷入孤立无援的灰暗之中去；如果你多注意别人的好处，用同情和仁爱去影响别人，使他能看到自己的缺点，而慢慢改正，你就会处处碰到信赖你爱戴你的朋友，你的生活中就会充满了温暖、和平与快乐。

——〔法国〕罗曼·罗兰《罗兰小语》

凡贪婪的人必然卑鄙，凡谄媚的人大抵残酷，自奉极丰者往往对人刻薄，自视过高的人就不免要践踏别人的尊严。

——秦牧《低徊寻思话老年》

如果没有最起码的对自我的克制，对对方的尊重、宽容乃至迁就，两个人也许不能快乐地相处一个小时。

——王蒙《"人性"断想》

狼的凶狠是因为无知的本能，而人的凶狠是有意为之。

——王蒙《蹉跎的季节》

即使我也许不可能成为一个成功的专家，我仍然可以成为一个有道德的人。

——杜维明《一阳来复》

生活的贫穷可以锻炼人，但精神的贫乏只能扭曲人。

——陈祖芬《爱是圆的》

一个人真正能支配的唯有对这一切外在遭际的态度，简言之，就是如何做人。

——周国平《精神的故乡》

对个人价值和选择权利的尊重，应当是现代社会中人际关系的最基本准则之一。

——何新《中国文化史新论》

道德是弱者用来制约强者的工具。

——韩少功《性而上的迷失》

善，其实仅指完善自我，但自我永无完善。

——史铁生《随笔十三》

只要你自己不倒，别人可以把你按倒在地上，却不能阻止你满面灰尘遍体伤痕地站起来。

——毕淑敏《谎言三叶草》

一个具有正义感又富同情心的人，总能找到他走向世界的出发点。

——舒婷《书籍与诗》

恶其实是一种蠢，扎在那里头，便缺少未来感，更提不上先知先觉了。

——秦文君《十六岁的少女》

劳而不伐，有功而不德，厚之至也。

——《周易·系辞传上》

【释义】有功劳而不居功自夸，立下功勋却不自以为对别人有恩德，这种人的品德是高尚的。

不明尔德，时无背无侧。

——《诗·大雅·荡》

【释义】你没有完美的品德，分不清谁是背叛你的人。

善人者，人亦善之。

——〔春秋〕管仲《管子·霸形》

【释义】善意地对待别人，别人也会善意地对待你。

善气迎人，亲如弟兄；恶气迎人，害于戈兵。

————〔春秋〕管仲《管子·心术下》

【释义】亲善和气地对待别人，别人就觉得你亲如兄弟；恶声恶气地对待别人，别人就觉得像被刀刺一样难受。

人无弘量，但有小谨，不能大立也。

————〔春秋〕管仲《管子·小谨》

【释义】一个人如果没有大的度量，只有小的谨慎，是不能有大的作为的。

以直报怨，以德报德。

————〔春秋〕孔子，语出《论语·宪问》

【释义】用公平正直来回答怨恨，用恩德来报答恩德。

天必欲人之相爱相利，而不欲人之相恶相贼也。

————〔战国〕墨子，语出《墨子·法仪》

【释义】上天一定希望人与人相互有爱、相互帮助，而不希望人与人相互厌恶、相互伤害。

凡天下之人皆相爱，强不执弱，众不劫寡，富不侮贫，贵不敖贱，诈不欺愚。凡天下祸篡怨恨，可使毋起者，以相爱生也。

————〔战国〕墨子，语出《墨子·兼爱中》

【释义】天下所有的人都彼此相爱，强大不胁迫弱小的，人多的不威逼人少的，富足的不轻视贫穷的，高贵的不傲视卑贱的，狡诈的不欺骗愚笨的。这样，就可以避免天下所有祸患怨恨的产生，这都是由于天下兼相爱。

恭者不侮人，俭者不夺人。

——〔战国〕孟子，语出《孟子·离娄上》

【释义】恭敬别人的人不会侮辱别人，自己节俭的人不会掠夺别人。

老吾老，以及人之老；幼吾幼，以及人之幼。

——〔战国〕孟子，语出《孟子·梁惠王上》

【释义】像尊敬自己的父母一样，去尊敬别人的父母；像爱护自己的孩子一样，去爱护别人的孩子。

取诸人以为善，是与人为善者也。故君子莫大乎与人为善。

——〔战国〕孟子，语出《孟子·公孙丑上》

【释义】吸收别人的优点来做善事，别人因受到鼓励而更努力为善，就相当于帮助别人一起做善事。所以对君子而言，再没有比与人为善更重要的事了。

君子宽而不慢，廉而不刿，辩而不争，察而不激，直立而不胜，坚强而不暴，柔从而不流，恭敬谨慎而容，夫是之谓至文。

——〔战国〕荀子，语出《荀子·不苟》

【释义】君子待人宽容而不怠慢懒散，为人正直而不伤人，能言善辩而不与人争，明察是非而不偏激，特立独行而不凌驾于人，坚定刚强而不暴戾，柔和顺从而不随波逐流，恭敬谨慎而宽容大方，这就叫作德行完备。

与人善言，暖于布帛；伤人以言，深于矛戟。

——〔战国〕荀子，语出《荀子·荣辱》

【释义】用好话赞许别人，比布帛更使人温暖；用恶语伤害别人，比被矛戟刺伤更使人难过。

无不爱也，无不敬也，无与人争也，恢然如天地之苞万物。如是则贤者贵之，不肖者亲之。

——〔战国〕荀子，语出《荀子·非十二子》

【释义】没有不爱的，没有不敬的，不与人相争，心胸广大得就像天地能包容万物一样。如果能够做到这些，那么，贤人就会敬重你，不肖的人也会亲近你。

人有礼则安，无礼则危。

——〔汉〕戴圣《礼记·曲礼》

【释义】人有礼就平安，无礼就危险。

达人大观兮，物无不可。

——〔汉〕贾谊《鵩鸟赋》

【释义】用豁达大度的心胸来对待万事万物，就没有自己不可接受的。

言不得过其实，行不得逾其法。

——〔汉〕刘安《淮南子·主术训》

【释义】言语不能超过所述事物的实际，行为遵循道德不逾越法度。

世俗之所谓贤洁者，未必非恶；所谓邪污者，未必非善也。

——〔汉〕王充《论衡·累害》

【释义】世俗所称道的那些贤明高洁之人，未必就不是坏人；世俗所批评的那些邪恶污秽之人，未必不是好人。

君子不患位之不尊，而患德之不崇；不耻禄之不夥，而耻智之不博。

——〔南北朝〕范晔《后汉书·张衡列传》

【释义】君子不忧虑自己的职位不够高，而是忧虑自己的道德是不是够高；不以俸禄不多为羞耻，而以智慧不足为羞耻。

勿以恶小而为之，勿以善小而不为。惟贤惟德，能服于人。

——〔三国〕刘备，语出《三国志·蜀书·先主传》

【释义】不要因为是较小的坏事就去做，不要因为是较小的善事就不去做。只有贤明和美德，才能让人钦佩。

立德践言，行全操清，斯则富矣，何必玉帛之崇乎？高尚其志，不降不辱，斯则贵矣，何必青紫之兼挖也？

——〔晋〕葛洪《抱朴子·广譬》

【释义】树立德行践行承诺，行为完美情操高洁，这就是富有了，为什么一定要拥有大批美玉布帛呢？高尚自己的志向节操，不降低志向不遭受辱没，这就是高贵了，为什么一定要当上大官呢？

吾不能为五斗米折腰，拳拳事乡里小人邪？

——〔晋〕陶渊明，语出《晋书·陶潜传》

【释义】我不能为了五斗米的俸禄就向权贵点头哈腰，低三下四地去侍奉那乡间的小人。

多言，德之贼也；多事，生之仇也。

——〔隋〕王通《中说·问易篇》

【释义】喜欢说闲话，这是在戕害美德；喜欢管闲事，这是给自己制造冤家。

君子扬人之善，小人讦人之恶。

——〔唐〕吴兢《贞观政要·卷五·论公平》

【释义】君子总是宣扬别人的优点和长处，小人则总是攻击别人的缺点和短处。

视人之瘼如瘭疽在身，不忘决去。

——〔唐〕刘禹锡《高陵令刘君遗爱碑》

【释义】看见百姓的疾苦，就像毒疮长在自己身上一样，时刻想着把它除去。

不敬他人，是自不敬也。

——〔后晋〕刘昫、赵莹《旧唐书》

【释义】不尊敬别人，就是不尊敬自己。

以己资众者，心逸而事济；以己御众者，心劳而怨聚。

——〔宋〕林逋《省心录》

【释义】以自己的能力去帮助众人，这样你的心里会感到安逸，而且事情也做成了；如果以自己的本领去强行控制大众，那么你不但觉得身心疲惫，而且会引来怨声载道。

和以处众，宽以接下，恕以待人，君子人也。

——〔宋〕林逋《省心录》

【释义】和气地和众人相处，宽厚地接待下人，以宽恕的态度对待有过失的人。这样的人，堪称君子。

心大则百物皆通，心小则百物皆病。

——〔宋〕朱熹《近思录·为学》

【释义】心胸开阔，待人接物就处处通情达理；胸怀狭窄，为人处世便事事困顿不已。

唯宽可以容人，唯厚可以载物。

——〔明〕薛瑄《薛文清公文集》

【释义】只有宽容的心态才可以包容别人，只有厚重的品德才可以容纳世间万物。

凡为善，畏人非笑而止者，只是为善之心未诚，若诚，自止不得。

——〔清〕黄宗羲《明儒学案》

【释义】为善的人，如果怕别人笑话而停止做善事，只是因为他为善的心还不够真诚，如果足够真诚的话，自己想停都停不下来。

肯替别人着想，是第一等学问。涵容，是处人第一法。

——〔明〕吕坤《呻吟语》

【释义】能够替别人着想，是世界上最高明的学问。有涵养，懂宽容，是与人相处的首要方法。

责人到闭口卷舌、面赤背汗时，犹刺刺不已，岂不快心？然浅隘刻薄甚矣。故君子攻人不尽其过，须含蓄以余人之愧惧，令其自新。

——〔明〕吕坤《呻吟语》

【释义】指责别人到了被指责者哑口无言、面红耳赤、汗流浃背的程度，还不停下来，那当然是很痛快的，但是这样做，就太肤浅狭隘和刻薄了。所以君子指责人时，不应把别人的过失毫无保留地全说出来，必须以含蓄的口吻，给对方留点面子，令他改过自新。

恕人有六：或彼识见有不到处，或彼听闻有未真处，或彼力量有不及处，或彼心事有所苦处，或彼精神有所忽处，或彼微意有所在处。

——〔明〕吕坤《呻吟语》

【释义】宽恕别人要考虑到六个方面：或许对方见识有不到之处，或许对方见闻有失真之处，或许对方力量有不及之处，或许对方有难言之隐，或许对方精神不集中，偶然疏忽，或许对方有什么微妙的用意在其中。

人之过误宜恕，而在己则不可恕。

——〔明〕洪应明《菜根谭》

【释义】对待别人的过失和错误应多加宽恕，而对待自己的过失和错误却不能宽恕。

遇欺诈的人，以诚心感动之；遇暴戾的人，以和气熏蒸之；遇倾邪私曲的人，以名义气节激励之。天下无不入我陶熔中矣。

——〔明〕洪应明《菜根谭》

【释义】遇到性格欺诈的人，要用诚心去感动他；遇到脾气暴戾的人，则要用一团和气去熏陶他、包容他；遇到行为不端自私自利的人，要用名誉义气和高尚的节操去激励他。天下没有谁不可以被改造、升华的。

不责人小过，不发人阴私，不念人旧恶，此三者可以养德，亦可以远害。

——〔明〕洪应明《菜根谭》

【释义】不责备别人的小过错，不揭露别人的隐私，不念念不忘别人过去做的坏事，这三条既可以培养自己的品德，又可以帮助我们避开灾祸。

攻人之恶勿太严，要思其堪受；教人以善勿过高，当使其可从。

——〔明〕洪应明《菜根谭》

【释义】指责别人的罪过不要太严厉，要考虑到他能否接受；教人去做好事不要要求过高，应当考虑对方是否能够做到。

以真实肝胆待人，事虽未必成功，日后人必见我之肝胆；以诈伪心肠处事，人即一时受惑，日后人必见我之心肠。

——〔清〕金缨《格言联璧》

【释义】如果能以真诚之心对待别人，事情虽然未必成功，但日后人们总会知道我与他们肝胆相照，真诚相待。如果以欺诈虚伪之心为人处世，别人即便当时受到迷惑，日后也必然会明白我是在欺骗他们。

阴谋陷害别人的人，自己会首先遭到不幸。

——〔古希腊〕伊索《伊索寓言》

让自己完全受财富支配的人是永不能合乎公正的。

——〔古希腊〕赫拉克利特《赫拉克利特著作残篇》

当一个人对你做错了什么事时，马上考虑他是抱一种什么善恶观做了这些错事。因为当你明白了他的善恶观，你将怜悯他，既不奇怪也不生气。因为或者你自己会想与他做的相同的事是善的，或者认为另一件同样性质的事是善的，那么宽恕他就是你的义务。

——〔古罗马〕马可·奥勒留《沉思录》

谁对别人如果没有同情心，他自己也不会得到怜悯。

——〔古波斯〕萨迪《蔷薇园》

不要揭露人的隐私。因为在你侮辱他们时，你的信誉也将受到损失。

——〔古波斯〕萨迪《蔷薇园》

每天都会出现一些新的奇迹，戏言变成了真实。那些打算嘲笑别人的人将发现他们自己被人嘲笑。

——〔西班牙〕塞万提斯《堂吉诃德》

智者宁可防病于未然，不可治病于已发；宁可勉力克服痛苦，免得为了痛苦而追求慰藉。

——〔英国〕托马斯·莫尔《乌托邦》

一个人如能在心中充满对人类的博爱，行为遵循崇高的道德律，永远围绕着真理的枢轴而转动，那么他虽在人间就等于生活在天堂中了。

——〔英国〕培根《论真理》

如果他能宽容别人的冒犯，就证明他的心灵乃是超越了一切伤害的。

——〔英国〕培根《论善良》

对众人一视同仁，对少数人推心置腹，对任何人不要亏欠；在能力上应当能和你的敌人抗衡，但不要因为争强好胜而炫耀你的才干；对于朋友，你应该开诚相与；宁可让人责备你朴讷寡言，不要怪你多言偾事。

——〔英国〕莎士比亚《终成眷属》

无论一个人的天赋如何优异，外表或内心如何美好，也必须在他的德性的光辉照耀到他人身上发生了热力，再由感受他的热力的人把加热力反射到自己身上的时候，才能体会到他本身的价值的存在。

——〔英国〕莎士比亚《特洛伊罗斯与克瑞西达》

慈悲不是出于勉强的感情，它是像甘露一样从天上降下尘世，它不但给幸福于受施的人，也同样给幸福于赐惠的人。

——〔英国〕莎士比亚《一报还一报》

青年人应当不伤人，应当把个人所得的给予各人，应当避免虚伪与欺骗，应当显得恳挚悦人，这样学看去行正直。

——〔捷克〕夸美纽斯《大教学论》

任何人都不能免于诽谤。最好的办法是不理会，过着清者自清的生活，任凭人们随便讲闲话好了。

——〔法国〕莫里哀《语言篇》

礼仪不良有两种：第一种是忸怩害羞；第二种是行为不检点和轻慢。要避免这两种情形，就只有好好地遵守这条原则，就是，不要看不起自己，也不要看不起别人。

——〔英国〕洛克《教育漫话》

人都会犯错误，你能原谅别人，你就是圣人。

——〔英国〕蒲柏《批评论》

礼貌使有礼貌的人喜悦，也使那些受人以礼貌相待的人们喜悦。

——〔法国〕孟德斯鸠《论法的精神》

人啊！为人要仁慈，这是你们的头一个天职：对任何身份、任何年龄的人，只要他不异于人类，你们对他都要仁慈。除了仁慈以外，你们还能找到什么美德呢？

——〔法国〕卢梭《爱弥儿》

真正的礼貌表现在对人的善意：怀着善意的人，是不难于表达他对人的礼貌的；只有那些不怀善意的人才要在外表上强作礼貌的样子。

——〔法国〕卢梭《爱弥儿》

觉得使别人不愉快比自己受责罚更难受，而看到别人一个不愉快的脸色比自己受到体罚还要难堪。

——〔法国〕卢梭《忏悔录》

善良的行为有一种好处，就是使人的灵魂变得高尚了，并且使它可以做出更美好的行为。

——〔法国〕卢梭《忏悔录》

坏事情一学就会，早年沾染的恶习，从此以后就会在所有的行为和举动中显现出来，不论是说话或行动上的毛病，三岁至老，六十不改。

——〔俄国〕克雷洛夫《克雷洛夫寓言》

使人幸福的是德性而非金钱。这是我的经验之谈。在患难中支持我的是道德，使我不曾自杀的，除了艺术以外也是道德。

——〔德国〕贝多芬，语出《贝多芬传》

我活在这个世界上，不是为了自己的生命的，而是来保护人的心灵的。

——〔法国〕雨果《悲惨世界》

处世之道，贵在礼尚往来。如果你想获得友谊，你必须为你的朋友效力。

——〔美国〕爱默生《日记》

脾气暴躁是人类较为卑劣的天性之一，人要是发脾气就等于在人类进步的阶梯上倒退了一步。

——〔英国〕达尔文，语出《达尔文》

人生真美好，看你戴什么眼镜去看。

——〔法国〕小仲马《茶花女》

仅仅为了不犯罪过和免得后悔而活着是不够的。我过去像那样活着，我为我自己活着，于是毁掉了我的生活。直到现在我为别人活着的时候，或至少想……为别人活着的时候，我才懂得人生所有的幸福。

——〔俄国〕列夫·托尔斯泰《战争与和平》

假如你以为什么人冤枉了你，忘记了吧，宽恕了吧！我们没有惩罚的权利呀。那时你就会知道宽恕的幸福了。

——〔俄国〕列夫·托尔斯泰《战争与和平》

没有单纯、善良和真实，就没有伟大。

——〔俄国〕列夫·托尔斯泰《哥萨克》

善良的、忠实的心里充满着爱的人，不断地给人间带来幸福。

——〔美国〕马克·吐温《神秘的陌生人》

一个做了好事的人，不管他是怎样一类人，自己决不会得不到好处的。

——〔美国〕马克·吐温《一个兜销员的故事》

惟有具备强烈的合作精神的人，才能生存，并创造文明。

——〔印度〕泰戈尔《民族主义》

看不起他们同胞的人是永远不会成为伟大的人物的；反过来，他们也会受到别人的轻视。

——〔印度〕泰戈尔《戈拉》

现在我懂了，终日只关心自己是多么虚伪！

——〔印度〕泰戈尔《诀别之夜》

只有努力去减少人家的苦难，你才会快活。

　　　　　　　　——〔法国〕罗曼·罗兰《约翰·克利斯朵夫》

一个完全以自我为中心的世界，有如一颗陨荡的红星，连一分热也不会留下来。

　　　　　　　　——〔法国〕罗曼·罗兰《搏斗》

做一个善良的人，为群众去谋幸福。

　　　　　　　　——〔苏联〕高尔基《在人间》

理智要比心灵为高，思想要比感情可靠。

　　　　　　　　——〔苏联〕高尔基《论文学文学的本质》

作为一个人，对父母要尊敬，对子女要慈爱，对穷亲戚要慷慨，对一切人要有礼貌。

　　　　　　　　——〔英国〕罗素《真与爱》

在一切道德品质之中，善良的本性在世界上是最需要的。

　　　　　　　　——〔英国〕罗素《闲散颂》

有德行的人之所以有德行，只不过受到的诱惑不足而已；这不是因为他们生活单调刻板，就是因为他们专心一意奔向一个目标而无暇旁顾。

　　　　　　　　——〔美国〕邓肯《邓肯自传》

宽容意味着尊重别人的无论哪种可能有的信念。

——〔美国〕爱因斯坦《爱因斯坦文集》

从广博的意义讲，宽容这个词从来就是一个奢侈品，购买它的人只会是智力非常发达的人——这些人从思想上说是摆脱了不够开朗的同伴们的狭隘偏见的，看到人类具有广阔多彩美景。

——〔美国〕房龙《宽容》

一个伟大的人有两颗心：一颗心流血，另一颗心宽容。

——〔黎巴嫩〕纪伯伦《沙与沫》

最致命、最令人憎恶的事情就是欺侮。什么是欺侮呢？这就是把我个人的意愿强加于人。

——〔英国〕劳伦斯《人的秘密》

任何否定他人生命的举动必定会树立敌人，招致怨恨。而如果走共同协调之路，就能够互相爱护、互相尊敬。这是人生的拯救所在。倘若没有这条道路，人世间就会变成相啖相食的世界，而不能相互帮助。幸亏，人们得到了这样一条互爱互敬的路。

——〔日本〕武者小路实笃《人生论》

任何人都厌忍受人摆布，被人驱使，而希望能自主行动；同时更盼望别人能尊重自己。

——〔美国〕戴尔·卡耐基《人性的弱点》

只有当你给你的朋友以某种帮助时，你的精神才能变得丰富起来。

——〔苏联〕苏霍姆林斯基《家长教育学》

善良的品格同美有着不可分割的联系。

——〔苏联〕苏霍姆林斯基《我把心献给孩子》

友

PART 08
▼
友情：人伴贤良智转高

情

交友之道，酒食游戏征逐者无论矣。以势利交者，势去则乖；以声华交者，声销则败；以文字交者，文胜则多伪；以血气交者，气衰则寡终。惟以性情交兼道义交者，为能淡而弥永，久而无敝。

——刘光第《都门偶学记〔七〕》

五伦中于人生最无弊而有益，无纤毫之苦，有淡水之乐，其惟朋友乎！顾择交何如耳。

——谭嗣同《仁学》

朋友者，所以为人损痛苦而益欢乐者也。虽至快之事，苟不得同志者共赏之，则其趣有限；当抑郁无聊之际，得一良友慰其寂寞，而同其忧戚，则胸襟豁然，前后殆若两人。

——蔡元培《中学修身教科书·交友》

惺惺相惜二心知，得一知音死不辞。欲为同胞添臂助，只言良友莫言师。

——秋瑾《临行留别寄尘小淑》

人生得一知己足矣，斯世当以同怀视之。

——鲁迅《赠瞿秋白》

和朋友谈心，不必留心，但和敌人对面，却必须刻刻防备。

——鲁迅《致萧军、萧红》

同心可断金，首要重然诺。

——董必武《答徐老延安赠别》

真正朋友的话，聚散自有友谊上的天然节奏。

——杨振声《拜访》

一万个口惠而实不至的泛交，抵不过一个同生死共患难的知心。

——郭沫若《人类进化的驿程》

人的相交宜密亦宜疏。不疏无以见密。过密亦常致疏。

——张申府《所思》

交结朋友贵彼此以诚心相待，最好是和"志同道合"的相结合，庶几在事实上更可以收互相切磋、互相勤勉的实效。

——杨贤江《怎样交朋友》

真诚的友谊永远不会特别表白的，真正的好朋友彼此不必通信，因为既是对彼此的友情信而不疑，谁也不需要写什么。一年分别后，再度相遇，友情如故。

——林语堂《苏东坡传》

深挚的友情是最感人的，就我们自己说，我们要能够得到深挚的友谊，也许还要多多注意自己怎样做人，不辜负好友们的知人之明。

——邹韬奋《经历》

友情是愉快，是爱，是再不畏虑，是不再受孤寂的侵凌。

——徐志摩《爱的灵感》

你要打开人家的心，你先得打开你自己的，你要在你的心里容纳人家的心，你先得把你的心推放到人家的心里去。

——徐志摩《海滩上种花》

如前面引过的"知人知面不知心"不看什么人就掏出自己的心肝来，人家也许还嫌血腥气呢！所以交浅不能言深，大家一见面儿只谈天气，就是这个道理。

——朱自清《论老实话》

好风景固然可以打动人心，但若得几个情投意合的人，相与徜徉其间，那才真有味。

——朱自清《〈燕知草〉序》

始终关切着自己的朋友，能够得到一个最快的会晤，也未始不是彼此间的一些心灵上的温暖吧。

——夏衍《春寒》

一个朋友，嵌在一个人的心天中，如同星座在青空中一样，某一颗星陨落了，就不能去移另一颗星来填满她的位置！

——冰心《我的良友》

我要从朋友那里得到好处，同时就不该忘记把好处给与朋友。

——冯定《青年应当怎样修养》

人的生命会忽然泯灭，而纯挚无私的友情却长远坚固永在。

——沈从文《新景与旧景·友情》

友情是我的生命中的一盏明灯，离了它我的生存就没有光彩，离了它我的生命就不会开花结果。

——巴金《中岛健藏先生》

友情从这里开始，苦难巩固它，欢乐装饰它。在寒冷中我感到它的温暖，在暗夜里我见到它的光辉。

——巴金《纪念憾翁》

其实你酒后不是比不醉时更坦白、更真诚、更清楚吗？沉默容易使人跟朋友疏远。热烈的叙说和自白则使人们互相接近。热情是有吸力的。

——巴金《醉》

朋友对我们的帮助、照应与爱护，不必一定要报以物质，而往往只需写几封亲切的信，使他们乐，觉得人生充满温暖。

——傅雷《傅雷家书》

人与人之间的关系，必须在寂寞时，在苦恼时，在互相安慰时，才显得亲密。

——叶紫《病中日记》

真正的友谊，是比精神或物质的援助更深微的关系。

——钱锺书《谈交友》

接触着你真正的朋友，感觉到这种愉快，你内心的鄙吝残忍，自然会消失，无需说教似的劝导。

——钱锺书《谈交友》

生活中，大量的是泛泛之交，不可能人人都成为知音。能通宵达旦深谈的，总是极少数。

——萧乾《关于书》

在专业的人生道路中，结识终生的朋友、知己，胜于手足之情。

——吴冠中《朋友·知己·孤独》

友情与事业代表着人生两大乐趣，而要想拥有这两大乐趣，一是要开朗，一是要勤劳。

——罗兰《罗兰小语》

敌人的诽谤只有引起轻蔑，可是一位朋友出于善意的误解，将会使人感到多么沮丧和痛苦。

——王元化《龚自珍思想笔谈》

高级的人使人尊敬，有趣的人使人欢喜，又高级又有趣的人，使人敬而不畏，亲而不狎，交接愈久，芬芳愈醇。

——余光中《朋友四型》

情动于中，而又以诚相见：这在朋友中才是真朋友，在诗中方为真诗。

——邵燕祥《读〈丁香花下〉札记》

设防，只是小术，叫做雕虫小技。靠小术占小利，最终贻笑大方。设防就要装腔作势，言行不一，当场出丑，露出尾巴，徒留笑柄。设防就要戴上假面，拒真正的友人于千里之外，终于不伦不类，孤家寡人。

——王蒙《不设防》

最真切的友情，是当你倾吐出最难为情的处境和最尴尬的心绪时，他或她绝不误解更绝不鄙夷，他或她对你已达成永远的理解与谅解。

——刘心武《生活赐予的白丁香》

朋友中之极品，便如好茶，淡而不涩，清香但不扑鼻，缓缓飘来，细水长流，所谓知心也。知心朋友，偶尔清淡一次，没有要求，没有利害，没有得失，没有是非口舌，相聚只为随缘，如同柳絮春风，偶尔漫天飞舞，偶尔寒日飘零。这个"偶尔"便是永恒的某种境界，又何必再求拔刀相助，也不必两肋插刀，更不谈死生相共，都不必了。这才叫朋友。

——三毛《谈朋道友》

友情是不可费力经营，这一来，就成生意，生意风险艰辛大，又何必用到朋友这等小事上去？

——三毛《随想》

外倾性格的人容易得到很多朋友，但真朋友总是很少的。内倾者孤独，一旦获得朋友，往往是真的。

——周国平《孤独》

真正的友情不依靠什么。不依靠事业、祸福和身份，不依靠经历、地位和处境，它在本性上拒绝功利，拒绝归属，拒绝契约，它是独立人格之间的互相呼应和确认。它使人们独而不孤，互相解读自己存在的意义。

——余秋雨《关于友情》

要觅一个靠得住的朋友如同觅一个忠诚的爱人一般困难，但一旦拥有了也是人生的一大幸福，友谊与爱情同样可贵。

——程乃珊《当我们年轻的时候》

没有朋友的人，内心是一片荒凉的沙漠。

——肖复兴《关于情感》

忠实的朋友，在你焦渴的时候，是一泓清泉；在你疲惫的时候，是一座大山；在你需要的时候能为你剖心露胆，两肋插刀。

——肖复兴《关于情感》

在你困难的时候，别人对你表示的友爱比什么都宝贵。

——路遥《在困难的日子里》

友情和所谓"哥儿们义气"是有本质区别的。"哥儿们义气"连流氓身上也具有，是维系流氓无产者之间的普遍利害关系的链条，而友情是从人心通向人心的虹桥。

——梁晓声《润心集》

友情的深浅，不仅在于那位朋友对你的才能钦佩到什么程度，更在于他对你的弱点容忍到什么程度。

——朱苏进《友人》

"人生得一知己足矣。"这种对朋友数量的最低要求，恰恰是对朋友质量的最高期待。

——朱苏进《友人》

人需要友谊就是抗拒灵魂的孤独感。

——秦文君《十六岁少女》

友情的基础是互惠。商人之间友情的基础是利益上的互惠，挚友之间友情的基础是心灵上的互惠。

——汪国真《友情》

过于亲密的友情，最终很容易走向双方愿望的反面。

——汪国真《哲思短语》

君子上交不谄，下交不渎。

——《周易·系辞传下》

【释义】君子与地位高的人交往，不会曲意奉承；与地位低的人交往，不会刻意轻慢。

嘤其鸣矣，求其友声。

——《诗经·小雅·伐木》

【释义】小鸟在树上嘤嘤鸣叫，只是为了寻找它的知音。

益者三友，损者三友。友直，友谅，友多闻，益矣。友便辟，友善柔，友便佞，损矣。

——〔春秋〕孔子，语出《论语·季氏》

【释义】有益的朋友有三种，有害的朋友有三种。同正直的人交友，同诚信的人交友，同见闻广博的人交友，是有益的。同逢迎谄媚的人交友，同表面柔顺而内心奸诈的人交友，同花言巧语的人交友，是有害的。

与人交，推其长者，讳其短者，故能久也

——〔春秋〕孔子，语出《孔子家语·致思》

【释义】与他人交往，要推崇他的长处，避开他的短处，这样才能长久地交往下去。

不知其人，视其友。

——〔春秋〕孔子，语出《孔子家语·六本》

【释义】不了解那个人，就看看他交往的朋友。

与善人居，如入芝兰之室，久而不闻其香，即与之化矣；与不善人居，如入鲍鱼之肆，久而不闻其臭，亦与之化矣。

——〔春秋〕孔子，语出《孔子家语·六本》

【释义】和品德高尚的人交往，就好像进入了摆满芳香的芝兰花的屋子，久而久之就闻不到芝兰花的香味了，这是因为自己和香味融为一体了；和品行低劣的人交往，就像进入了卖臭咸鱼的店铺，久而久之就闻不到咸鱼的臭味了，这也是因为自己与臭味融为一体了。

与君子游，如长日加益，而不自知也。与小人游，如履薄冰，每履而下几何而不陷乎哉？

——〔汉〕戴德《大戴礼记·曾子疾病》

【释义】与君子交往，就像在太阳下面享受阳光的美好，虽然阳光越来越好而自己却感觉不到；与小人交往，就像踩在薄冰上，每一脚下去，都有陷入冰窟的危险。

君子敬而无失，与人恭而有礼，四海之内皆兄弟也。君子何患乎无兄弟也？

——〔春秋〕子夏，语出《论语·颜渊》

【释义】君子做事认真谨慎不出差错，待人恭敬而有礼貌，那么四海之内的人都能成为兄弟。既是君子，又何必担忧没有兄弟呢？

非其君不事，非其友不友。

——〔战国〕孟子，语出《孟子·公孙丑上》

【释义】看不上的君主，不会去侍奉；看不上的人，不会结交为朋友。

友也者，友其德也，不可以有挟也。

——〔战国〕孟子，语出《孟子·万章下》

【释义】结交朋友，交的是对方的品德，不是为了有什么倚仗。

悲莫悲兮生别离，乐莫乐兮新相知。

——〔战国〕屈原《九歌》

【释义】没有比朋友离别更悲伤的事情了；没有比遇到新的知心朋友更快乐的事情了。

古之君子，交绝不出恶声。

——〔战国〕乐毅《报燕王书》

【释义】古代的君子，即便是和朋友绝交，也决不说对方的坏话。

匹夫不可以不慎取友。友者，所以相有也。

——〔战国〕荀子，语出《荀子·大略》

【释义】普通人不能不慎重地选择朋友。朋友，是可以互相帮助的。

凡乱人之动也，其始相助，后必相恶。

——〔战国〕吕不韦及其门客《吕氏春秋》

【释义】凡是作乱的人有所行动，（他的朋友）开始会帮助他，最终必然会反目。

一死一生，乃知交情；一贫一富，乃知交态；一贵一贱，交情乃现。

——〔汉〕翟公，语出《史记·汲郑列传》

【释义】朋友之间面临过生与死的考验后，才知道交情有多深；经历过贫与富的考验后，才知道对方对待朋友的态度；遭受过从高贵到低贱的身份转化后，才能看出两人之间是否有真诚的友谊。

人生有新故，贵贱不相逾。

——〔汉〕辛延年《羽林郎》

【释义】人生中有新朋友有老朋友，不能为了攀附权贵而抛弃贫贱时的老朋友。

为不知音者言，若语于喑聋。

——〔汉〕桓宽《盐铁论·相刺》

【释义】和不了解你的人说话，就像对聋哑人说话一样。

朋而不心，面朋也；友而不心，面友也。

——〔汉〕扬雄《法言·学行》

【释义】结为朋友却不交心，只是表面的朋友；作为好友而不从内心相交，也只是表面的好友。

势利之交，古人羞之。

——〔汉〕班固《汉书·张耳陈馀传》

【释义】为了权势与私利而结交，古人认为这是可耻的。

与周公瑾交，若饮醇醪，不觉自醉。

——〔三国〕程普，语出《三国志·周瑜传》裴松之注引《江表传》

【释义】与你周瑜结交，就好像喝着美酒，不知不觉就醉了。

吾闻详交者不失人，而泛结者多后悔。故曩哲先择而交，不先交而后择也。

——〔晋〕葛洪《抱朴子·交际》

【释义】我听说谨慎结交的人就不会失去朋友，随随便便结交的往往后悔。所以先贤们都是先看看人再结交，而不是先结交再去了解他。

出门万里客，中道逢嘉友。未言心相醉，不在接杯酒。

——〔晋〕陶渊明《拟古九首》

【释义】出门远行为客的中途，遇到了好友。还没说话心中就陶醉了，不住地接过酒杯。

四海之人，结为兄弟，亦何容易。必有志均义敌，令终如始者，方可议之。

——〔南北朝〕颜之推《颜氏家训·风操》

【释义】四海之人结交为兄弟，哪里是容易的事儿。一定是遇到那些志向相同，且始终如一的人，才可以考虑这件事儿。

以势交者，势倾则绝；以利交者，利穷则散。

——〔隋〕王通《中说·礼乐》

【释义】以权势高低为标准结交朋友的，一旦失去权势，交情就会随之断绝；以利益的多少为结交朋友的，如果利益没有了，交情也会随之散去。

朋友不信，则交易绝。

——〔唐〕武则天《臣轨》

【释义】朋友之间不讲信用，那么交情容易断绝。

一见如旧识，一言知道心。

——〔唐〕王维《送权二》

【释义】一见面仿佛就像旧相识，一说话就懂得彼此求道之心。

人生结交在始终，莫为升沉中路分。

——〔唐〕贺兰进明《杂曲歌辞·行路难五首》

【释义】朋友相交要有始有终，切莫因为地位的变化而分道扬镳。

人生贵相知，何必金与钱？

——〔唐〕李白《赠友人三首》

【释义】朋友之间最宝贵的就是相知，何必要靠黄金和钱币呢？

世人不解结交者，唯重黄金不重人。

——〔唐〕高适《赠任华》

【释义】世间那些不懂结交朋友的人，只看重对方的黄金却不重视对方的人品。

乃知择交难，须有知人明。莫将山上松，结托水上萍。

——〔唐〕白居易《寓意诗五首》

【释义】于是懂得了选择朋友的难处，在于必须有知人之明。不要让具有山间青松品格的人，与那种如浮萍一般随波逐流的人交往。

交疏自古戒言深，肝胆徒倾致铄金。

——〔唐〕司空图《狂题十八首》

【释义】自古以来，都要切记不要交情浅却对他说心里话，否则就是白白地用自己的真诚去换取他人的诽谤。

古交如真金，百炼色不回。

——〔唐〕贯休《古意九首》

【释义】古人的交谊就像真金，经过千锤百炼也不会变色。

责人者不全交，自恕者不改过。

——〔宋〕林逋《省心录》

【释义】经常指责别人的人，不能保全自己的交谊；自己原谅自己的人，不会改正自己的错误。

小人所好者禄利也，所贪者财货也。当其同利之时，暂相党引以为朋者，伪也；及其见利而争先，或利尽而交疏，则反相贼害，虽其兄弟亲戚，不能相保。

——〔宋〕欧阳修《朋党论》

【释义】小人所喜好的是利益，所贪图的是财富。当他们利益相同时，他们会暂时结为朋党，这种朋友是虚伪的；等他们见到利益而互相争夺，或者利益失去了交情疏远，那么他们会反过来互相伤害，这时即便是兄弟或亲戚，也不能保全他们。

人能攻我实病，我能受人实攻，朋友之义，其庶几乎！

——〔宋〕胡宏《胡子知言·事物》

【释义】朋友能尖锐地批评我的缺点，我能接受这种真诚的批评。朋友的意义，差不多就是这样的。

与刚直人居，心所畏惮，故言必择，行必谨，初若不相安，久而有益多矣。

——〔宋〕何坦《西畴老人常言·讲学》

【释义】与刚直的朋友在一起，必然会有所敬畏顾忌，所以说话势必有选择，行动势必要慎重，开始时好像不和谐，时间长了就会大有益处。

天下若无着实师友，不是各执己见，便是恣情纵欲。

——〔宋〕陆九渊《语录》

【释义】天下如果没有真诚务实的良师益友，不是各人坚持各自的看法，就是无所顾忌地放纵自己。

人伴贤良智转高，众才未必必不卑。

——〔元〕金仁杰《追韩信》

【释义】与贤良和有智慧的人为伴，可以使一个人的品德和智慧水平提升，而拥有众多才华的人未必都高傲自大或看不起他人。

与正人处，则日习于正，如行康衢，自不为偏岐所惑；与邪人处，则日习于邪，如由曲径，往而不返，不觉入荆棘中矣。

——〔明〕朱元璋，语出《典故纪闻》

【释义】与正派的人相处，就会每天习染于正气之中，犹如在康庄大道上行走，自然不会被各种岔路迷惑；与邪曲的人相处，就会天天习染于邪曲当中，犹如在曲折蜿蜒的小道上行走，只知道向前走不知道如何返回，不知不觉就走进了荆棘丛中。

平日若无真义气，临事休说生死交。

——〔明〕施耐庵《水浒传》

【释义】平日里如果没有真诚的友谊，那么事到临头就不要说有生死之交。

人之邪正，必谨于所习。习与正人居，则正；习与不正人居，则不正。

——〔明〕薛瑄《读书录》

【释义】一个人是否正派，与自己的习惯有关。习惯与正派的人交往，就会正派；习惯与不正派的人交往，就会不正派。

处朋友，务相下，则得益；相上，则损。

——〔明〕王阳明《传习录》

【释义】与朋友相处，务必相互谦下，才会受益；相互攀比，就会受损。

用人不宜刻，刻则思效者去；交友不宜滥，滥则贡谀者来。

——〔明〕洪应明《菜根谭》

【释义】用人不能太苛刻，苛求于人就会使那些想报效你的人离去；交朋友不能过分追求数量，乱交友就会有喜欢献媚说谎的人到你身边来。

交友者，识人不可不真，疑心不可不去，小嫌不可不略。

——〔清〕魏禧《日录里言》

【释义】结交朋友，识人不能不真切，猜疑之心不能不去除，朋友间的小嫌隙不能不忽略。

生无知心交，明珠空照乘。

——〔清〕孔尚任《赠吴名翰》

【释义】一个人没有知心的朋友，即使像明珠那样美，也是空有光彩而不能彼此相照。

受人知者分人忧，受人恩者急人难。

——〔清〕蒲松龄《聊斋志异·田七郎》

【释义】得到别人知遇的，要替他人分忧；受过别人恩惠的，要在别人急难时回报。

对渊博友，如读异书；对风雅友，如读名人诗文；对谨饬友，如读圣贤经传；对滑稽友，如阅传奇小说。

——〔清〕张潮《幽梦影》

【释义】面对知识渊博的朋友，就像是读罕见奇异的书；面对风致高雅的朋友，就像是读名家的诗文；面对严谨检点的朋友，就像是读圣贤们的经书；面对滑稽风趣的朋友，就像是读传奇小说。

万两黄金容易得，知心一个也难求。

——〔清〕曹雪芹《红楼梦》

【释义】得到万两黄金容易，求得一个知心的朋友却很难。

人若近贤良，譬如纸一张；以纸包兰麝，因香而得香。

——〔清〕金缨《格言联璧》

【释义】一个人如果与有才有德的人亲近，就好比是一张纸，用来包名贵的香料，会因为沾上香料的香气，使自己也香起来。

切不可与那些反复无常的人交朋友。

——〔古希腊〕伊索《伊索寓言》

那些背叛朋友的人，都会受到严厉的惩罚。

——〔古希腊〕伊索《伊索寓言》

很多显得像朋友的人其实不是朋友，而很多朋友倒并不显得像朋友。

——〔古希腊〕赫拉克利特《赫拉克利特著作残篇》

我宁可在世界上交个好朋友而不要最好的斗鸡或鹌鹑、最好的跑马或猎狗。可以说，我像埃及人一样，对真诚的朋友的热爱远远胜于对大流士的黄金，乃至大流士本人的感情，我就是一个爱友者，当我看见风华正茂的你和吕锡如此轻而易举地获得了这财宝，很快就你中有我，我中有你时，我吃惊、我欢愉。

——〔古希腊〕苏格拉底《苏格拉底的教化哲学》

撇开友情，无法谈青春，因为友情是点缀青春的最美丽的花朵。没有一个人可以无朋而择人生，尽管他有一切美德。

——〔古希腊〕亚里士多德《伦理学》

我们可以这样描述对任何人的友好情谊：希望他具有你认为的优良品格，这不是为你自己，而是为他本人，并尽全力促进这些品格的形成。朋友就是拥有这种情谊并以之做回报的人，那些认为彼此之间有这种感情的人可以彼此称作朋友。

——〔古希腊〕亚里士多德《修辞学》

对我来讲，与朋友分手是件美事。因为，当我和他们在一起时，总有这种感觉：我会失掉他们了，但仍然能保留着他们与我同在的感觉。

——〔古罗马〕塞涅卡《致鲁基里乌斯书信集》

与愚人绝交，有益而无害。

——〔印度〕瓦鲁瓦尔《古拉尔箴言·政事篇》

患得患失、斤斤计较的朋友，无异于只图财物而毫无情义的娼妓和盗贼。

——〔印度〕瓦鲁瓦尔《古拉尔箴言·政事篇》

你绝不会一看见互相爱抚嬉戏的小狗便说它们多么友好，因为只要在它们之间扔一块肉，你就可以明白它们之间的友谊究竟是什么。

——〔古罗马〕爱比克泰德《语录》

人与人的友谊，把多数人的心灵结合在一起，由于这种可贵的联系，是温柔甜蜜的。

——〔古罗马〕奥古斯丁《忏悔录》

一个敌人不为少，不增为好；千个朋友不为多，应再多交。

——〔古波斯〕鲁达基《鲁达基诗集·穆塔卡列伯韵体》

不要同那些没有任何本领的人交朋友。他们既不配作你的朋友，也不配作你的敌人。

——〔古波斯〕昂苏尔·玛阿里《卡布斯教诲录》

对待朋友，亲如兄弟；对待敌人，势不两立。

——〔古波斯〕昂苏尔·玛阿里《卡布斯教诲录》

你不要把那人当作朋友，假如他在你幸运时表示好感。只有那样的人才算朋友，假如他能解救你的危难。

——〔古波斯〕萨迪《蔷薇园》

与其和同等的人浪费生命，不如和高尚的人作个知心。

——〔古波斯〕萨迪《蔷薇园》

谁要是把敌人当成朋友，对朋友却又仇恨，又杀伤，他就会丢掉了朋友们。敌人他是早已经丢光。

——〔印度〕《五卷书·乌鸦和猫头鹰从事和平与战争等等》

年轻人如果得不到朋友的劝解和安慰，他会陷入长期绝望、永久悲戚的境地。只有聪明人才能在万劫之余，听从朋友劝慰，用宽容的态度、坚强的耐性面对事实，从而解决问题。

——〔阿拉伯〕《一千零一夜·水鸟和乌龟的故事》

在危急存亡的时候，能够舍身救人，才够得上是真正的朋友。

——〔阿拉伯〕《一千零一夜·猫和乌鸦的故事》

当我们的朋友犯罪时，只要他有改过自新的愿望，我们不能不让他得到友谊的帮助。

——〔意大利〕阿奎那《神学大全》

志同道合之友从容交谈，无论所谈为有趣之事抑或世间琐事，皆得相与披肝沥胆，诚乐事也！

——〔日本〕吉田兼好《徒然草》

友谊真是一种最神圣的东西，不光是值得特别推崇，而且值得永远赞扬，它是慷慨和荣誉的最贤惠的母亲，是感激和仁慈的姊妹，是憎恨和贪婪的死敌；它时时刻刻都准备舍己为人，而且完全出于自愿，不用他人恳求。

——〔意大利〕薄伽丘《十日谈》

要发扬朋友的优点，使他走上正路，克服朋友的缺点，防止他误入歧途。

——〔印度〕杜勒西达斯《罗摩功行之湖·猴国篇》

缺乏真正的朋友乃是最纯粹最可怜的孤独；没有友谊则斯世不过是一片荒野；我们还可以用这个意义来论"孤独"说，凡是天性不配交友的人，其性情可说是来自禽兽而不是来自人类的。

——〔英国〕培根《论友谊》

我用眼泪报答他的友谊，用喜悦庆祝他的幸运，用尊敬崇扬他的勇敢，用死亡惩戒他的野心。

——〔英国〕莎士比亚《裘力斯·凯撒》

有些人对你恭维不离口，可全都不是患难朋友。说几句空话算不得什么，真心的朋友世上可不多。

——〔英国〕莎士比亚《乐曲杂咏》

酒食上得来的朋友，等到酒尽樽空，转眼成为路人；一片冬天的乌云刚刚出现，这些飞虫们早就躲得不知去向了。

——〔英国〕莎士比亚《雅典的泰门》

如果所有人都知道他们彼此所说对方的是什么，那么全世界就不会有四个朋友。

——〔法国〕帕斯卡尔《思想录》

不信任自己的朋友比受朋友欺骗更可耻。

——〔法国〕拉罗什福科《道德箴言录》

大多数朋友败坏了我们对友谊的胃口，大多数虔诚者使我们对虔诚感到厌恶。

——〔法国〕拉罗什福科《道德箴言录》

友谊是灵魂的结合，这个结合是可以离异的，这是两个敏感、正直的人之间心照不宣的契约。

——〔法国〕伏尔泰《哲学辞典·友谊》

假如有个朋友看不到我的缺点，我会感到遗憾。我们给予并希望得到这类宽恕。虽然也许它并无些微乐趣，但毕竟是友谊的体现。

——〔英国〕菲尔丁《汤姆·琼斯》

友谊——"生之美酒"如同贮藏东西的地窖，需要不断更新。虽然我们很难再补充上与我们青春时代宽宏大量的纯情友谊相匹配的友情，但是，友谊在不知不觉中变得成熟了。

——〔英国〕鲍斯威尔《约翰逊传》

有的人想的是他们朋友的缺点，这是不会有所得的。我经常注意的是找敌人的优点，并且发现这样做大有好处。

——〔德国〕歌德《歌德的格言和感想集》

紧急的时候得到帮助是宝贵的，然而并不是人人都会给予恰当的帮助，殷勤过分的蠢才比任何敌人还要危险。

——〔俄国〕克雷洛夫《克雷洛夫寓言·隐士和熊》

选择朋友一定要谨慎！地道的自私自利，会戴上友谊的假面具，却又设好陷阱来坑你。

——〔俄国〕克雷洛夫《克雷洛夫寓言·小树林和火》

朋友真可谓是自然的杰作。

——〔美国〕爱默生《友谊》

"让真诚在我俩之间永存"——这是我们与同伴所能达成的最崇高的契约。

——〔美国〕爱默生《人生的行为》

真正的朋友不把友谊挂在口上，他们并不为了友谊而互相要求一点什么，而是彼此为对方做一切办得到的事。

——〔俄国〕别林斯基《别林斯基论教育》

友谊这个神圣的情感，具有如此甜蜜、坚韧、忠诚、持久的特性，只要不涉及借钱的问题，它可以延续整整一生。

——〔美国〕马克·吐温《傻瓜威尔逊的日历》

不是血肉的联系，而是情感和精神的相通，使我们有权利去援助另一个人。

——〔俄国〕柴可夫斯基《我的音乐生活》

我的健康其实是完全正常的，唯有我的灵魂十分敏感而且渴望志同道合的好友，如果让我得到一个小圈子里的人，能听取我的话并理解我，我的病就会好的。

——〔德国〕尼采《给妹妹的信》

我的朋友，别让我的情谊，成为你的负担，须知乐即在于对人的深情厚谊里。

——〔印度〕泰戈尔《流萤集》

得一知己，把你整个的生命交给他，他也把整个的生命交托给你。

——〔法国〕罗曼·罗兰《约翰·克利斯朵夫》

人生的苦难是不能得一知己。有些同伴，有些萍水相逢的熟人，那或许还可能。大家把朋友这个名称随便滥用了，其实一个人一生只能有一个朋友。

——〔法国〕罗曼·罗兰《约翰·克利斯朵夫》

世间最美好的东西，莫过于有几个头脑和心地都正直的严正的朋友。

——〔美国〕爱因斯坦《七十岁生日时的心情》

你的朋友能满足你的需要。你的朋友是你的土地,你在那里怀着爱而播种,含着感谢而收获,从中得到食粮、柴草。

——〔黎巴嫩〕纪伯伦《友谊》

友谊永远是一个甜柔的责任,从来不是一种机会。

——〔黎巴嫩〕纪伯伦《沙与沫》

友情的价值在于互不伤害各自的独创性。

——〔日本〕武者小路实笃《人生论》

批评不能使我灰心。相反的,它将告诉我:我是处在朋友中间,朋友们能够帮助我,拖我的重载。

——〔苏联〕奥斯特洛夫斯基《请开炮吧!》

人的一生没有比朋友更重要,没有比友谊更美好的了。看其友可以知其人。

——〔日本〕池田大作《青春寄语》

婚

PART 09

▼

婚恋：锁定正确另一半

恋

世间男女，不遇同心之人，慎勿滥为体交哉。此关雎之所以求之不得而辗转反侧者也。

——蔡元培《夫妇公约》

婚姻之始，必本诸纯粹之爱情。以财产容色为准者，决无以持永久之幸福。盖财产之聚散无常，而容色则与年俱衰。

——蔡元培《中国人的修养·夫妇》

凡愈野蛮之人，其婚姻愈早；愈文明之人，其婚姻愈迟。

——梁启超《禁早婚议》

家庭里边祸福的枢纽，全在两性自己强固的意志，与夫合宜的措置。

——沈钧儒《家庭新论》

爱情必须时时更新，生长，创造。

——鲁迅《伤逝》

恋爱是道德感底融合，所以必须有伟大的人格者才有伟大的恋爱。

——陈望道《我底恋爱观》

婚姻该以恋爱为基础，而且该以恋爱为限界。

——陈望道《我的婚姻问题观》

无恋爱的结婚，总是奸淫，不管它是"百年偕老"，也不过是长期的奸淫；真正的恋爱婚姻，无论形式如何简便，总之是神圣的婚姻。

所以我们不必管形式，只须问实质。

——陈望道《妇女问题》

自由结婚的根本观念就是要夫妻相敬相爱，先有精神上的契合，然后可以有形体上的结婚。

——胡适《美国的妇人》

贞操不是个人的事，乃是人对人的事；不是一方面的事，乃是双方面的事。

——胡适《贞操问题》

有爱情的结合才算是道德的结婚。

——郭沫若《三个叛逆的女性》

爱情本如极利的斧子，用来剥削命运常比用来整理命运的时候多一些。

——许地山《缀网劳蛛》

爱情不达到结婚，总感不到相爱的密度。

——白薇《打出幽灵塔》

假如结婚之后就此不恋爱，结婚真成恋爱的坟墓了。这就可见恋爱像一条无穷无尽而时刻有新意味新境界的通路。除非不走上这条路，一走上这条路就永远前进，以恋爱始，也以恋爱终。

——叶圣陶《无谓的界线》

当闲情逸致和柔情蜜意存在之时，家居生活才能成为一种艺术享受。

——林语堂《吾国与吾民》

夫妇间的恩爱，两个人的灵魂的合一，也只有这默然相对忘言的当儿，才是人生中最难得的真味。

——茅盾《一个真正的中国人》

我们赞美言行一致的举动，又赞成不宜遏制人性的自然，所以要在现时主张离婚！

——茅盾《虚伪的人道主义》

可是爱人爱得过分时，常识也往往会被热挚的真情，掩蔽下去。

——郁达夫《回忆鲁迅》

原来爱情这怪物，一遭到了灾难，愈是浓厚甜蜜的，反而愈加苦辣辛酸了。

——许钦文《神经病》

恋爱是大事情，是难事情，是关生死超生死的事情——如其到真的境界，那才是神圣，那才是不可侵犯。

——徐志摩《爱眉小札》

听我的话，要娶，就娶个能作贤妻良母的。尽管大家高喊打倒贤妻良母主义，你的快乐你知道。这并不完全是自私，因为一位不希望作贤妻良母的满可以不嫁而专为社会服务呀。

——老舍《婆婆话》

一个男子和一个女子发生恋爱，无论其为肉体的或是精神的，第三者是不能干涉的。

——张闻天《对少年中国学会问题的意见》

婚姻不是爱情的坟墓，而是更亲密的灵肉合一的爱情的开始。

——冰心《论婚姻与家庭》

为什么结婚是爱情的坟墓呢？因为结婚之后爱情像启封泄气的酒，由醉人的浓味渐渐变为淡水的味儿；又因油盐酱醋把两人的心腌得五味俱全，并不像恋爱时代那样全是甜味了。

——王力《夫妇之间》

在恋爱的过程中，确是灵肉交战。人终是人，故一方企图着天般高远的理想——灵，一方又摆脱不了现实——肉。眼望天国，身羁地狱；这种挣扎，便是人之一生。

——冯沅君《春痕》

水是各处可流的，火是各处可烧的，月亮是各处可照的，爱情是各处可到的。

——沈从文《月下小景》

云中翱翔的小鸟，猎人要射击时，谁能预防，谁能逃脱呢！爱情的陷入也是这样。

——石评梅《露沙》

无论恋爱的观念经过若干的变迁，一种属于恋爱的嫉妒心总是难免的，除非这人类变成另一种人类。

——胡也频《给丁玲的信》

认识女人确是不容易的，我们认识她要经过一个很长的时间，所谓一见倾心的话，那不过是专就外表的美而言，整个的了解，到底不能一见就倾心的。

——柳湜《认识论》

爱情不应是占有，而应是双方互信互守的"专一"。只有"专一"的爱情，才能巩固婚姻，获得幸福和愉快的生活。

——邓颖超《谈男女问题》

幸福不是在有爱人，是在两人都无更大的欲望，商商量量平平和和地过日子。

——丁玲《莎菲女士的日记》

抑制久了的爱情，一旦到了爆发的时候，便成了不可克制的激情了。

——巴金《灭亡》

我们常常听到人说："结婚是爱情的坟墓。"这句话有一部分真理，因为没有充分知识的爱情，生命原就单薄，结婚又包括许多复杂问题。毫无准备的人恐怕也只好掘墓，维持着躯壳，得不到人生的幸福。这坟墓是"无知"掘的，和结婚无涉。

——李霁野《至上的艺术——爱》

甜蜜的东西看得太久了也会厌烦，真真的好景都该这样一瞬即逝，永不重来。婚姻制度的最大毛病也就是在于日夕聚首：将一切好处都因为太熟而化成坏处了。

——梁遇春《途中》

夫妇之间只有彻底谅解、全心包容、经常忍让，并且感情真挚不渝，对生活有一致的看法，有共同的崇高理想与信念，才能在人生的旅途上平安渡过大大小小的风波，成为琴瑟和谐的终身伴侣。

——傅雷《傅雷家书》

这个世界，什么都古老，只有爱情，却永远年轻；这个世界，充满了诡谲，只有爱情，却永远天真。

——艾青《关于爱情》

结婚后最可怕的事情不是穷，不是嫉妒，不是打架，而是平淡、无聊、厌烦。两个人互相觉得是个累赘。懒得再吵嘴打架，只盼望哪一天天塌了，等死……

——曹禺《日出》

没有那不可言说的爱情，两颗心根本无从亲近，但若缺乏客观的适合，亲近后，爱情仍无从滋长。

——萧乾《终身大事》

爱情原如花木一样，在人忽视中绿了，在忍耐里露出蓓蕾，在被忘记里红色的花瓣开放。

——何其芳《雨天》

不幸的家庭，尽管各有各的不幸。但一般的说，经济生活几乎是家庭幸福的支配因素。贫穷和苦难是大多数家庭龃龉之所由生。

——黄秋耘《悲剧的绵延》

两人真正能为共同目标而携手奋进的，当属凤毛麟角，令人欣羡。每个人，挖到内心深处，几乎都是孤独的。

——吴冠中《温馨何处》

上苍创造了爱情，却又让可怜的众生视而不见，见而不识，寻而不得，得而不葆。

——王蒙《蹒蹰的季节》

恋爱的人，展现给对方的都是自己最美的羽毛，一颦一笑，一举一动，都是最中人意的，哪怕是小小的争执，都以爱的方式传递，都有一种诱人的魅力，而这些，其实并不都是准确的实在的。

——谌容《错、错、错》

看见人们相爱，尤其到了老年仍然如此，是一种多么美的享受。

——张洁《保尔哭了》

女人因男人而定义，男人因女人而存在。男人会当丈夫了，"女强人"的感情悲剧就会少一些。

——蒋子龙《强人怨》

许多长久夫妻的长久秘诀，是爱对方的缺点。一个人身上的优点谁都喜欢，而缺点，尤其是隐秘的缺点，只有爱人知道，能够容忍，当然包括帮助，帮助不好仍然是容忍。

——蒋子龙《爱情欺负什么人》

既然自古就有爱情这么一种东西，那么，它那最恒定的内核，一定是单纯而质朴的，犹如一根通红秀美新鲜结实饱含汁液的胡萝卜。

——刘心武《美丽的胡萝卜》

吵架也是一种宣泄和沟通。可是当一对夫妻连吵架的热情也没有了，他们的婚姻必已濒临死亡。

——陈祖芬《爱是圆的》

爱一个人不是因为他的优点或缺点，而是因为他的特点。

——陈祖芬《爱是圆的》

以我个人的经验，我愿意告诉各位朋友，尤其是女孩子——婚姻是人生最幸福的事。

——三毛《我的写作生活》

爱情的发生，在有所接触又不太稔熟之间，既有神秘感，又有亲切感，既能给想象力留出充分余地，又能使吸引力发挥到最满意的程度。

——周国平《爱》

唯有在两个灵魂充实丰富的人之间，才可能有真正动人的爱情和友谊。

——周国平《独处的充实》

独自一人晚归时，远远瞅见自家窗口亮着的一盏灯光，有人在等你回家！多幸福的一种感觉，连步子也会轻松快捷起来，对世界而言，我们不过是一介尘埃，但在爱我们的人心目中，却是那样珍贵重要。

——程乃珊《灯光》

爱情，从来都有两重性，即它的浪漫性和现实性。

——肖复兴《关于情感》

你还没有看见你的爱人之时你早已看见了异性的美妙，你被异性惊扰和吸引之后你才开始去寻找爱人。你在寻找一个事先并不确定的异性做你的爱人，这说明你在选择。

——史铁生《爱情问题》

不论什么鞋，最重要的是合脚；不论什么样的姻缘，最美妙的是和谐。

——毕淑敏《婚姻鞋》

崇拜居于爱情之上，喜欢居于爱情之下，欣赏居于爱情之畔，它们都不是爱情。但是爱情一旦发生，能够将它们囊括其中。

——朱苏进《独自散步》

社会对婚姻问题的开明，提供了改正错误的自由也提供了增加错误的自由。

——韩少功《性而上的迷失》

夫妻间的纠葛是说不清楚的，一大通的解释往往显得多余，而一个吻，一个清早的太阳就解决了问题。重要的是不要使夫妻间的纠葛变成别人的事。

——何怀宏《若有所思》

没有有交易的爱情，只有有交易的婚姻。爱情永远比婚姻圣洁，婚姻永远比爱情实惠。爱情是花，婚姻是果实。花总是美丽的，果实却不一定都是美好的。

——汪国真《婚姻》

一个人可以一生都没有获得过爱情，但没有一个人一生没有渴望过爱情。爱情是人类最崇高朴素的情感，它在不断的丧失中获得新生。

它在瞬间的微笑中照耀着在大地上踽踽而行的人的灵魂。

——迟子建《原来姹紫嫣红开遍》

死生契阔，与子成说。执子之手，与子偕老。

——《诗经·邶风·击鼓》

【释义】我们早已立誓言，要同生共死不分离。与你的双手相握，陪伴你一起老去。

夫婚姻，祸福之阶也。

——〔春秋〕富辰，语出《国语·周语中》

【释义】婚姻，是决定祸福的根由啊。

《易》之《咸》，见夫妇。夫妇之道不可不正也，君臣父子之本也。咸，感也，以高下下，以男下女，柔上而刚下。

——〔战国〕荀子，语出《荀子·大略》

【释义】《易经》里的《咸》卦，体现的是夫妇之道。夫妇之道是不能不端正的，因为它是君臣、父子关系的根本。咸的意思是感应，它把高的置于低的之下，把男的置于女的之下，是阴柔在上面而阳刚在下面。

待西施、毛嫱而为配，则终身不家矣。

——〔汉〕刘安《淮南子·齐俗训》

【释义】一定要求西施、毛嫱这样的美女为妻子，那这辈子就不要成家了。

天地合而后万物兴焉。夫昏礼，万世之始也。

　　　　　　　　——〔汉〕戴圣《礼记·郊特牲》

【释义】天地交合才有了万物兴起。男女通过婚礼结为夫妻，是万世子孙繁衍的开端。

贫贱之知不可忘，糟糠之妻不下堂。

　　　　　　　　——〔汉〕宋弘，语出《后汉书·宋弘传》

【释义】贫贱时的朋友不能忘记，和自己共患难过的妻子不能抛弃。

山无陵，江水为竭，冬雷震震，夏雨雪，天地合，乃敢与君绝。

　　　　　　　　——〔汉〕《乐府诗集·上邪》

【释义】除非是山平了，江水干了，冬天雷声滚滚，夏天雪花纷纷，天与地合二为一，才敢断绝和你的爱情。

君当作磐石，妾当作蒲苇。蒲苇纫如丝，磐石无转移。

　　　　　　　　——〔汉〕《乐府诗集·焦仲卿妻》

【释义】希望你能像磐石，我也会像蒲苇一样。蒲苇柔韧如丝，磐石坚不动摇。

愿为双飞鸟，比翼共翱翔。

　　　　　　　　——〔三国〕阮籍《咏怀八十二首》

【释义】但愿我们能化作一对飞鸟，双双振翅一起自由翱翔。

今使瞽者遇室，则西施与嫫母同情。

　　　　　　　　——〔三国〕嵇康《答向子期难养生论》

【释义】现在如果让一个盲人去同房，那不论是像西施那样的美女还是嫫母那样的丑女，对他都是一样的。

宁作野中之双凫，不愿云间之别鹤。

——〔南北朝〕鲍照《拟行路难》

【释义】我宁愿与你像野外双宿双飞的野鸭，也不做云中那失去配偶的飞鹤。

夫风化者，自上而行于下者也，自先而施于后者也。是以父不慈则子不孝，兄不友则弟不恭，夫不义则妇不顺矣。

——〔南北朝〕颜之推《颜氏家训·治家》

【释义】风俗教化这件事，是从上向下推行的，从前向后产生影响的。因此父亲不慈爱，子女就会不孝顺；兄长不友爱，弟弟就会不恭敬；丈夫不仁义，妻子就会不温顺。

婚娶而论财，夷虏之道也，君子不入其乡。古者男女之族，各择德焉，不以财为礼。

——〔隋〕王通，语出《中说·事君篇》

【释义】婚姻嫁娶却计较财物多少，是落后野蛮人的风俗，君子是不会到那种地方去的。古时候男方和女方的家族，都会按照德行来选人，不会把奉送财物作为礼数。

伉俪之道，义期同穴，一与之齐，终身不改。

——〔唐〕长孙无忌《唐律疏议·户婚律》

【释义】夫妻之道，恩义重至希望死后合葬一穴，因此一经婚配后，终生都不会改变。

得成比目何辞死，愿作鸳鸯不羡仙。比目鸳鸯真可羡，双去双来君不见？

——〔唐〕卢照邻《长安古意》

【释义】能和心爱的人厮守在一起，就算是死也心甘情愿，就算是神仙也不值得羡慕。比目鱼和鸳鸯真是让人羡慕啊，难道你看不见他们总是成双结对的吗？

生为同室亲，死为同穴尘。他人尚相勉，而况我与君。

——〔唐〕白居易《赠内》

【释义】活着时生活在一个屋檐下，死了以后埋葬在一起。其他人尚且以此互相勉励，何况我们夫妻俩？

天长地久有时尽，此恨绵绵无绝期。

——〔唐〕白居易《长恨歌》

【释义】天虽长、地虽广，也有穷尽的时候，可是我心中思念你的遗憾，却永无尽头。

东边日出西边雨，道是无晴却有晴。

——〔唐〕刘禹锡《竹枝词》

【释义】东边艳阳高照，西边细雨绵绵，说是天晴吧，却又有雨，说是雨天吧，却又有不下雨的地方。

其为妻道也，贞顺之宜，恒服于身体；疑忌之虑，不萌于心术；忿使之色，不兆于容貌。

——〔唐〕柳宗元《亡姊前京兆府参军裴君夫人墓志》

【释义】她作为妻子，贞洁和顺总是体现在身上；怀疑猜忌的念头，从来不会在心中起来；愤懑怨恨的神色，从来没有表露在神色上。

从来夸有龙泉剑，试割相思得断无？

——〔唐〕彭伉妻张氏《寄夫二首》

【释义】你总是夸耀你有锋利的龙泉宝剑，但是它能试着割断我对你的相思情愫吗？

身无彩凤双飞翼，心有灵犀一点通。

——〔唐〕李商隐《无题》

【释义】身上没有凤凰那样可以飞翔的翅膀，但彼此内心里却像有着具有灵性的犀角一样息息相通。

人情须耐久，花面长依旧。莫学蜜蜂儿，等闲悠扬飞。

——〔宋〕晏殊《菩萨蛮·高梧叶下秋光晚》

【释义】人与人的感情要始终不渝，这样美好的容颜便会永葆青春。不要像那采蜜的蜜蜂，随意飞来飞去飘忽定。

得贤内助，非细事也。

——〔宋〕宣仁太后，语出《宋史·孟后传》

【释义】得到一位贤内助，可不是一件小事啊。

十年生死两茫茫，不思量，自难忘。

——〔宋〕苏轼《江城子·乙卯正月二十日夜记梦》

【释义】我们夫妻诀别已经整整十年，我强忍不去想你，但是想你的念头会自然地涌出来。

两情若是久长时，又岂在朝朝暮暮。

——〔宋〕秦观《鹊桥仙·纤云弄巧》

【释义】两人的感情若是天长地久始终不渝，又何必非要天天厮守在一起呢？

只愿君心似我心，定不负相思意。

——〔宋〕李之仪《卜算子·我住长江头》

【释义】只希望你我心心相印，必定不会辜负了如此相思的爱意。

夫妇之道，人丑之者，以淫欲为事也；圣人安之者，以保合为义也。

——〔宋〕胡宏《知言》

【释义】夫妻之道，有人丑化它，认为是淫欲的事情。圣人之所以安然地看待这件事，是把保有夫妻之间和谐自然的关系作为大义。

问世间，情是何物，直教生死相许。

——〔金〕元好问《摸鱼儿·雁丘词》

【释义】试问在这人世间，爱情究竟是什么呢？竟然值得让人们用生死来期许。

妻贤夫祸少。

——〔元〕李直夫《虎头牌》

【释义】妻子贤惠丈夫的祸患就少。

一夜夫妻百夜恩。

——〔元〕关汉卿《赵盼儿风月救风尘》

【释义】一旦成为的夫妻，就会有深厚的恩义。

忆郎直忆到如今，谁料恩深怨亦深。

——〔明〕于谦《拟吴侬曲》

【释义】我思念郎君一直到如今，谁能想得到啊，我对他爱得那
么深，对这种长久离别的怨恨也同样的深。

君为塞下土，妾作山头石。

——〔明〕刘绩《征妇词》

【释义】如果你战死沙场化作边塞上的一抔黄土，那我就去那里
化作山头上的望夫石。

做买卖不着，只一时；讨老婆不着，是一世。

——〔明〕冯梦龙《喻世明言·蒋兴哥重会珍珠衫》

【释义】生意做得不如人意，损失只一时：老婆讨得不如人意，
却是一辈子的事。

情双好，情双好，纵百岁，犹嫌少。

——〔清〕洪昇《长生殿》

【释义】彼此钟情的人发誓永远相好，即使相亲相爱一百年，仍嫌这份相处时光过于短暂。

闻道十分消瘦，为我两番磨折，辛苦念梁鸿。谁知千里夜，各对一灯红。

——〔清〕蒋士铨《水调歌头·舟次感成》

【释义】听说你十分消瘦，为我生下两个孩子，我想起我们像梁鸿孟光那样举案齐眉。谁知道我们现在在千里之外，在这凄清的夜里各自对着一盏灯思念对方。

丈夫对于妻子，父亲对于子女的治理虽然同样为对于自由人的统治，但也有所不同，父子关系好像君王的统治，夫妇关系则好像城邦政体。

——〔古希腊〕亚里士多德《政治学》

事事依靠妻子的服侍还不如死了的好。

——〔古波斯〕昂苏尔·玛阿里《卡布斯教诲录》

不要向人们炫耀自己的妻子，引得人们嫉羡。因为这样往往适得其反，炫耀时也教给了妻子不忠贞的恶德。

——〔古波斯〕昂苏尔·玛阿里《卡布斯教诲录》

好人的家里如果有一个恶妻，今生等于走进了地狱。

——〔古波斯〕萨迪《蔷薇园》

如若谁家娶了个泼妇狠婆，那出门远行便似节日般快活。一家如若总是听到婆娘的吵闹声，这家生活从此休想得到安宁。

——〔古波斯〕萨迪《果园》

天下最难的事情，莫过于物色一位情投意合的妻子，而女子中间，脾气性格和你恰恰相反的人，又到处皆是，一旦和一个不合心意的女人做了夫妻，只落得一辈子活受罪。

——〔意大利〕薄伽丘《十日谈》

一个贤惠的妻子，她行为规矩，不作非分之想，是不应该像囚犯一样时时受到监督的。事实上，如果妻子是个荡妇，再怎么守着她也白搭，因为统统是白费劲。

——〔英国〕乔叟《坎特伯雷故事集》

一桩完满的婚姻，存在于瞎眼妻子和耳聋的丈夫之间。

——〔法国〕蒙田《蒙田随笔集》

婚姻是一条绳索，套上了脖子就打成死结，永远解不开了，只有死神的镰刀才割得断。

——〔西班牙〕塞万提斯《堂吉诃德》

有妻与子的人已经向命运之神交了抵押品了；因为妻与子是大事的阻挠物，无论是大善举或大恶行。

——〔英国〕培根《论婚姻与独身》

诚实的婚姻，是纯洁的恋爱的目标。你是否愿意我来给你照料？

——〔西班牙〕维迦《园丁之犬》

幸福的婚姻生活，往往会被卑鄙的勾当、阴险的猜忌所破坏。

——〔英国〕莎士比亚《亨利五世》

婚姻是一桩郑重的大事，不能依靠掮客们的撺掇的。什么人做他的卧榻上的伴侣，不能决定于我们要谁，而应决定于他爱的是谁。

——〔英国〕莎士比亚《亨利六世》

不如意的婚姻好比是座地狱，一辈子鸡争鹅斗，不得安生；相反地，选到一个称心如意的配偶，就能百年和谐，幸福无穷。

——〔英国〕莎士比亚《亨利六世》

没有一样东西比婚姻更能为人们带来安慰和愉快。

——〔英国〕弥尔顿《离婚的敦义与教规》

至于结婚当然是符合理性的。不过夫妻结合的目的须不仅是基于外表形体的爱好，还要以出于生育并聪明地教养子女的爱好为归。

——〔荷兰〕斯宾诺莎《伦理学》

男女间结合的目的既不仅是生殖，而是种族的绵延，所以男女间的这种结合，即使在生育之后，还应该在有必要养育和扶持儿童的期间维持下去。

——〔英国〕洛克《政府论》

一切民族对妇女的淫乱都是鄙视的。这是大自然给一切民族的训示。

——〔法国〕孟德斯鸠《论法的精神》

婚姻不仅是夫妇之间的一项契约，也是同大自然订立的一项契约。

——〔法国〕卢梭《爱弥儿》

我不仅把婚姻描写为一切结合之中最甜蜜的结合，而且还描写为一切契约之中最神圣不可侵犯的契约。

——〔法国〕卢梭《爱弥儿》

夫妇关系，只有在它使两个由于合法快乐的需要而结合起来的人的利益一致，从而支持了政治的社会并且能为社会造就一些公民的情况下，才是甜蜜的。

——〔法国〕霍尔巴赫《自然的体系》

我们还是孩子时都是感官主义者；到了讲恋爱时成了理想主义者，在所爱的对象身上发现了本来没有的特点；等到爱情发生动摇，疑心对方不忠实，于是我们又变成怀疑论者了，连自己也不知其所以然。到了暮年，一切都无足轻重，我们就听其自然，终于变成清静无为主义者了。

——〔德国〕歌德，语出《歌德谈话录》

谁有贤妻，谁就幸福！他的寿命就加了一倍。

——〔德国〕歌德《铁手葛兹·冯·伯里欣根》

因为婚姻所依存的只是主观的、偶然性的感觉，所以它是可以离异的。

——〔德国〕黑格尔《法哲学原理》

凡是有钱的单身汉，总想娶位太太，这已经成了一条举世公认的真理。

——〔英国〕简·奥斯汀《傲慢与偏见》

恋爱的结婚是为种族的利益，而不是为个人。当然，这情形当事者并无所知，还误以为是追求自己的幸福。不过，由于它真正的目的在于他们可能产生的新个体上，因此当事者知道与否，并无关紧要。

——〔德国〕叔本华《爱与生的苦恼》

虽然说婚姻也该算爱情的一种，但不知为何，人们却从来没想到，把这两个词用一个意思融通。爱情可以与婚姻并存，并且该永远这样。结婚没有爱情到成；但爱情而没有结婚登记却成了可耻的罪恶，得另给个称谓。

——〔英国〕拜伦《唐璜》

婚姻的幸福并不完全建筑在显赫的身份和财产上，却建筑在互相崇敬上。这种幸福的本质是谦逊和朴实的。

——〔法国〕巴尔扎克《苏镇舞会》

既然上帝预许了永恒，所以他要人们成双成对。

——〔法国〕雨果《海上劳工》

对两个有良好教养的人，婚姻该是什么样的？他们具有共同的观点和生活目的；在他们之间存在着最好类型的平等，能力相当，各有自己的优势。因此每人都能在敬仰对方中享受极大乐趣，并能互相交替地，在身心发展道路上受对方引导或引导对方。

——〔英国〕约翰·穆勒《妇女的屈从地位》

她管这段没有爱情的婚姻生活叫作一场无聊的噩梦。

——〔俄国〕冈察洛夫《平凡的故事》

当两个没有钱的人结婚时，就应该具有道德上的勇气和体力上的勤勉来弥补这种欠缺——他们要有蔑视仰人鼻息的精神，忍受贫困的耐心，以及为谋生而辛勤劳动的精力。

——〔英国〕夏洛蒂·勃朗特《致亨利·纳西》

大凡爱情是相互的，诚挚的，志同道合的，婚姻就必定是美满的。

——〔英国〕夏洛蒂·勃朗特《谢利》

男子为了各自家庭而承担的工作，是努力支撑、发展和维护他们的家；至于女子呢？则是努力维护家庭的秩序、家庭的安适和家庭的可爱。

——〔英国〕约翰·罗斯金《芝麻与百合》

如果说只有以爱情为基础的婚姻才是合乎道德的，那么也只有继续保持爱情的婚姻才合乎道德。

——〔德国〕恩格斯《家庭、私有制和国家的起源》

正好像你要背上包袱，同时又要用两只手做事，那就只有把包袱系在背上的时候才有可能，而那就是结婚。

——〔俄国〕列夫·托尔斯泰《安娜·卡列尼娜》

只有爱情才能使婚姻变得圣洁，只有被爱情圣洁化了的婚姻才是真正的婚姻。

——〔俄国〕列夫·托尔斯泰《克莱采奏鸣曲》

一般人结婚就像建立一种合伙关系，成立一家公司，但在你们的合伙关系中，一切都得靠你去投资。

——〔美国〕亨利·詹姆斯《一位女士的画像》

感官的结合不过是心灵结合的印记。

——〔法国〕莫泊桑《漂亮朋友》

婚姻之所以普遍，是因为它将最大的诱惑与最多的机会结合在一起。

——〔爱尔兰〕萧伯纳《人与超人·给革命者的格言》

人们之所以结婚就是为了能分担彼此的痛苦。

——〔印度〕泰戈尔《最后的诗篇》

大多数人只是娶了妻子，并没有得到妻子，或者是不知道没有得到妻子，他们终生生活在妻子的身边，可是并不了解这一点。

——〔印度〕泰戈尔《海蒙蒂》

婚姻的唯一伟大之处，在于唯一的爱情，两颗心的互相忠实。如果婚姻丧失了这个伟大之处，它还剩下什么呢？

——〔法国〕罗曼·罗兰《母与子》

婚姻是两个人精神的结合，目的就是要共同克服人世的一切艰难困苦。

——〔苏联〕高尔基《马特维·科热米亚金的一生》

爱情和婚姻问题的正确解决，是整个人格最完美的体现。没有哪一个问题比它包含更多的欢乐和更真实而有用的东西，我们绝不能视之为微不足道的小事，也不能把它当作治疗犯罪、酗酒或精神病的救急药方。

——〔奥地利〕阿德勒《自卑与超越》

婚姻是比两个伴侣的欢乐更为重要的东西；婚姻是一种制度，这制度通过生育这一事实，成为社会内部结构的一部分，它的价值远远超过夫妻之间的私人感情。

——〔英国〕罗素《婚姻革命》

夫妻间的和睦也同友情一样，最美满的是双方都既不掩饰自己，又能协调相处。欺骗性地结婚是不幸的。

——〔日本〕武者小路实笃《人生论》

你若觉得自己的婚姻可能会触礁，为何不列出你的伴侣令你喜欢的地方，并且再举出自己可能让人难以忍受的地方。这样可能会使你的婚姻生活完全改变。

——〔美国〕戴尔·卡耐基《智慧的锦囊》

没有真正的爱情的婚姻，是一个人堕落的起点。

——〔美国〕海明威《虽有犹无》

爱是一座坚不可摧的桥梁，它跨过了冰封雪冻的江河，超越了停滞不前的空间；即便关山阻塞，迢迢千里，即使大地雪冻冰封，天空云暗雾障，爱也能使丈夫和妻子携手跨进阳光普照的天地。

——〔美国〕欧文·斯通《总统之恋》

真正的结婚，必须考虑到两性结合后的感情发展和加深彼此的信赖。

——〔日本〕石川达三《差错》

只有在夫妇俩的生活具有高度的文明修养，丈夫和妻子（特别是丈夫）的道德品质不断提高的条件下，多年的性关系和彼此占有才不致把爱情变为自己的对立物，只有在这种情况下，才能保持爱情的清新空气和爱情的魅力。

——〔苏联〕苏霍姆林斯基《论爱情》

有什么样的丈夫就有什么样的妻子，你的妻子似水井，你在水中可照出自己。

——〔苏联〕苏霍姆林斯基《家长教育学》

　　良好的婚姻关系就像是两个在水中游泳的人，两人各游各的泳，却保持着一种默契，时时留心彼此的安危。

　　　　　　　　——〔加拿大〕梅尔勒·塞恩《男人的感情世界》

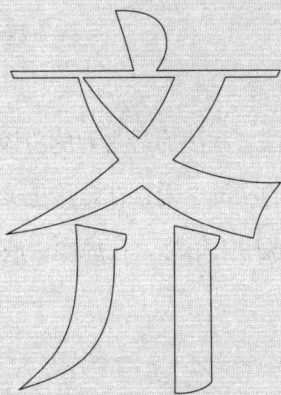

PART 10

▼

齐家：经营心灵的绿洲

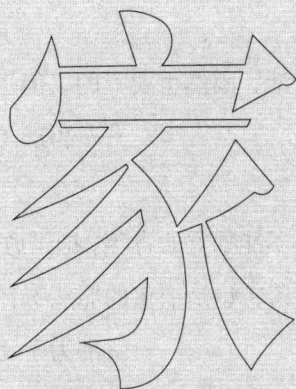

家庭者，人生最初之学校也。一生之品性，所谓百变不离其宗者，大抵胚胎于家庭之中。

——蔡元培《中国人的修养》

正确教育子女的方法，我以为最主要的应该是爱和严相结合。在生活上既要给予子女适当的父母之爱，在政治上又要严格要求他们，特别要舍得让他们到艰苦环境中去锻炼，在风雨中成长。这才是真正的爱。

——吴玉章《新年话家常》

父母对于子女，应该健全的产生，尽力的教育，完全的解放。

——鲁迅《我们现在怎样做父亲》

至于幼稚，尤其没有什么可羞，正如孩子对于老人，毫没有什么可羞一样。幼稚是会生长，会成熟的，只不要衰老，腐败，就好。

——鲁迅《三闲集·无声的中国》

"爸爸"和前辈的话，固然也要听的，但也须说得有道理。

——鲁迅《从孩子的照相说起》

我总希望一般经济不能独立的青年，把婚愈延迟愈好。生了子女，不能教养，是很大的痛苦，也是很重的罪恶呀！

——邵力子《怎样可讲自由结婚》

我希望每个儿子做成一个什么样的儿子，我得把自己先做成那样一个儿子，我要教儿子自立立人，我自己就得自立立人，我要教儿子自助助人，我自己就得自助助人。

——陶行知《儿子教学做之一课》

男女应该以同等的人格相对待，互相尊重，互相玉成，以发展各自所禀赋的性能，不应该有片面本位的片面义劣，以招致无形中的负号淘汰。

——郭沫若《旋乾转坤论——由贤妻良母说到贤夫良父》

要得健全幸福的人类，须得有健全幸福的母亲。

——郭沫若《题苏联妇女生活展》

我们做父母的不要拒绝小孩子的问难，也不要以"有问必答"的方法对付他。我们应当利用他的问难来施行我们的理想教育。

——陈鹤琴《家庭教育与父母教育》

父母必须提供充满了爱、有原则和有意义的家庭，因为家庭是对儿童进行教育的一个基本单位。

——宋庆龄《致父母、教育工作者和儿童保育工作者的公开信》

你确能关心到大众到社会，萌芽了为大众服务之愿力，而从不作个人出路之打算。这就是第一让我放心处。许多青年为个人出路发愁，一身私欲得不到满足，整天怨天尤人、骂世，这种人最无出路，最无办法。

——梁漱溟《给儿子培宽、培恕的信》

上对于父母，我得作孝子。自身体发肤以至立功扬名，无非为的孝亲。下对于儿女，我得作慈父。自喂粥灌汤以至作牛作马，无非为的赡后。

——叶圣陶《双双的脚步》

居家固宜法度修明，然容忍糊涂亦不可少之要素。要于无关系或有理由之过失均宜不问，即凡可恕者，均恕之是也。

——恽代英《恽代英日记》

一个人一生出发时所需要的，除了健康的身体和灵敏的感觉之外，只是一个快乐的孩童时期——充满家庭的爱情和美丽的自然环境便够了。在这条件之下生长起来，没有人会走错的。

——林语堂《人生不过如此》

一个自然人必定会爱自己的子女，但只有受文化熏陶的人才会孝养父母。

——林语堂《生活的艺术》

"家"，我知道了，不管它给人多大的负担，多深的痛苦，人还是像蜗牛一样愿意背着它的重壳沉滞地向前爬。

——方令孺《家》

顾家族是义务，顾别人多多少少只是义气；义务是分内，义气是分外。

——朱自清《论别人》

我要求孩子们的举止同我自己一样，何其乖谬！

——丰子恺《儿女》

骨肉之情是最无情的锁链，把大家紧紧的穿在同一的命运上。

——老舍《四世同堂》

家庭是儿童的制造厂，是社会中坚的养成所，是社会遗传的保守处，也是社会进步的原动力。家庭的生活可以说是个人社会化的学校，工商业发展的目标。

——张闻天《离婚问题》

"家"是什么，我不知道；但烦闷——忧愁，都在此中融化消灭。

——冰心《繁星》

在儿女未成立以前最需要的是积极的帮助，在他们成立以后最需要的是消极的不妨碍，他们需要什么，我们就给他们什么，这是聪明，这也是贤明。

——俞平伯《贤明的——聪明的父母》

情感上积压下来的一点东西，家庭生活并不能完全中和它、消耗它，我需要一点传奇，一种出于不巧的痛苦经验，一分从我"过去"负责所必然发生的悲剧。

——沈从文《水云——我怎么创造故事，故事怎么创造我》

古圣先贤，无不劝孝。其实孝也是人性的一部分，也是自然的，否则劝亦无大效。父母子女间的相互的情爱都是天生的。不但人类如此，一切有情莫不皆然。

——梁实秋《雅舍散文二集·父母的爱》

世界上没有一个地方比自己的家更舒适。无论那个家是多么简陋、多么寒碜。

——梁实秋《槐园梦忆》

真正建立互相尊重、互相帮助、互相勉励、互相关心和信任的关系，使家庭生活真正成为亲切温暖的家庭生活。

——邓颖超《跟着祖国前进，为社会主义贡献力量！》

夫妻间平等相待，是创造幸福家庭的基础。在一个家庭，无论是男尊女卑，还是女尊男卑，都不可能有夫妻关系的和谐与美满。

——廖沫沙《平等与同等》

高兴的是我又多了一个朋友；儿子变了朋友，世界上有什么事可以和这种幸福相比的！

——傅雷《傅雷家书》

小的尊重老的，是尊重历史，老的爱护小的，是爱护未来。

——谈家桢《广博·勤奋·赶超》

在父母眼中，孩子常是自我的一部分。我们若细察父母们的心理，颇像一个艺术家。一个雕刻家把他的理想实现在一块顽石上，创造出一具美丽的维纳斯。

——费孝通《生育制度》

相互谅解是家庭生活运转的润滑油。针锋相对，寸土必争最使不得！

——萧乾《终身大事》

要把学校教育、社会教育、家庭教育密切结合起来，齐心协力地做好儿童的教育工作。

——康克清《新时期中国妇女运动的崇高任务》

看着孩子一天天长大，知识一天天丰富，仿佛农民看见自己的庄稼日渐成熟，母亲的心里是充满幸福、喜悦的。

——杨沫《自白——我的日记》

我不知道是否有别人比我从父亲那里所得的更多。我用父亲的豁达应付环境中的变故，用父亲的乐观创造自己的前程，用父亲的鼓励与宽容的方法去教学生和孩子，用父亲对大自然和诗文的爱好来陶冶我自己的性情。

——罗兰《父亲的照片》

没有什么东西可以与健康相比，但是家庭可以。而且，一般的规律，家庭幸福的人身体也更有机会保持健康。

——王蒙《珍惜家庭》

家庭无是非，夫妻无利害。彼此之间有了矛盾，有一方退让一步，就会愉快地解决，如若都是针尖对麦芒，谁也不肯迁让谁一点儿，堵在小胡同里谁也过不去，长此下去势必会伤和气。

——柳萌《情感的路亭》

爱，像一颗种子埋下了。爱的须根深埋在家庭的泥土里，延伸到家庭生活的每一个角落。

——谌容《错、错、错》

我对家庭定义的表述是：按血缘和关系建立起来的经济组织。简单地说：血缘＋经济＝家庭。

——邓伟志《家庭问题种种》

一位好配偶极有可能使人多活十几年。

——邓伟志《儿孙绕膝代替不了黄昏恋》

人，除了爱情以外，还有道义、责任与亲情。后者加起来的力量，决不输于前者。

——琼瑶《我是一片云》

独身不能构成一个家庭，却能拥有一个身心均感到安全、甜美和自在的家。可见家比家庭更人性。人可以不要家庭，却不能没有一个家。

——赵鑫珊《家和家庭——永远说不完的故事》

世上难有永恒的爱情，世上绝有存在永恒不灭的亲情。一旦爱情化解为亲情，那份根基，才不是建筑在沙土上了。

——三毛《爱情》

人生是舞台、是前线，而你的家庭、你的朋友们，则是你的后台，你的宿营地。我们从那里得到鼓励、安慰、建议和批评，然后重返，正视这严酷的人生。

——程乃珊《当我们年轻的时候》

世上没有什么东西能割断父母对孩子的牵挂，连死亡也不能。这牵挂的线团系在你的远逝的小躯体上，穿透生死的壁垒，达于另一个世界。我们明知你不复存在，仍然惦记你犹如惦记一个失踪的游子。

——周国平《妞妞——一个父亲的札记》

一个对自己有着充分信心的母亲，她对孩子无形的感染，便是一种基本的氛围，会产生潜移默化的影响，使孩子的成长不会太偏离"轨道"。

——陆星儿《好小子，你可长大了》

孝敬父母是子女一切良好品德形成的基础。

——魏书生《要孩子孝敬父母，从小事教育起》

孩子的笑声却是母亲的阳光，永远只有付出，不求回报。

——舒婷《两栖女性》

家庭之所以美好的原因之一，就在于它充满了希望。

——汪国真《希望》

积善之家，必有余庆；积不善之家，必有余殃。

——《周易·乾》

【释义】积累善行的人家，必然遗留给子孙许多德泽；多行不善的人家，必然遗留给子孙许多灾祸。

无父何怙？无母何恃？

——《诗经·小雅·蓼莪》

【释义】没有了父亲，我还有什么可以依靠？没有了母亲，我还有什么可以依仗？

为人父而不明父子之义以教其子而整齐之，则子不知为人子之道以事其父矣。故曰："父不父则子不子。"

——〔春秋〕管仲《管子·形势解》

【释义】作为父亲却不知道用父子之间的道理来管教子女，整顿儿女的思想行为，子女也就不会懂得用作为子女的道理来侍奉父亲了。所以说："父亲不像父亲，则儿子不像儿子。"

今之孝者，是谓能养。至于犬马，皆能有养；不敬，何以别乎？

——〔春秋〕孔子，语出《论语·为政》

【释义】现在那些自以为是孝子的人，觉得能赡养父母让父母吃饱穿暖就是尽孝了。那么，狗和马也能得到饲养。如果侍奉父母只是让他们吃饱穿暖却没有发自内心地尊敬，那与养狗、养马又有什么区别呢？

里仁为美。择不处仁，焉得知？

——〔春秋〕孔子，语出《论语·里仁》

【释义】住在民风好的地方才好。选择自己的居住之处，如果不选民风好的地方，怎能说是明智呢？

所谓治国必先齐其家者，其家不可教，而能教人者，无之。故君子不出家，而成教于国。

——〔春秋〕曾参，语出《大学》

【释义】之所以说治国者必须先管理好家庭，是说连家人都不能教化好的人，却能教化他人，是从来没有的事。因此君子不用走出家门，也能够用良好的德风影响国人。

仁人之于弟也，不藏怒焉，不宿怨焉，亲爱之而已矣。

——〔战国〕孟子，语出《孟子·万章上》

【释义】有仁爱之心的人对于兄弟，有怒气不会藏在胸中，有怨恨不会留在心里，以亲情爱他罢了。

父母之爱子，则为之计深远。

——〔战国〕触龙，语出《战国策·赵策》

【释义】父母如果真的爱护子女，就应替他们作长远打算。

吾生不学书，但读书问字，而遂知耳，以此故不大工，然亦足自辞解。今视汝书犹不如吾，汝可勤学习。每上疏宜自书，勿使人也。

——〔汉〕刘邦《手敕太子书》

【释义】我平生没有专门读书，只是在读书问字时，附带才懂得了些罢了，因此文章的字不大工整，但是也还说得过去。现在我看你的文章远不如我，你可要努力学习。每次写给我的公文，都应当自己动笔书写，不要让别人代笔。

慈母有败子，小不忍也。严家无悍虏，笃责急也。

——〔汉〕桓宽《盐铁论·周秦》

【释义】慈爱的母亲常教出败家的儿子，是因为对孩子的小过错不忍管教。严厉的家庭不会有蛮横的奴仆，是因为对奴仆管教严格。

夫不贤，则无以御妇；妇不贤，则无以事夫。

——〔汉〕班昭《女诫》

【释义】丈夫不贤德，就无法驾驭妻子；妻子不贤德，就无法侍奉丈夫。

父母常失，在不能已于媚子。

——〔汉〕王符《潜夫论》

【释义】父母经常性的过失，在于不断娇惯儿女。

有财无义，惟家之殃。无爱粪土，以毁五常。

——〔晋〕挚虞《武库铭》

【释义】有钱财却不讲道义，钱财只能给家庭带来灾祸。可不能贪爱这污秽的东西，而破坏了做人应遵守的原则。

孝不待慈，而慈固植孝；悌非期友，而友亦立悌。

——〔南北朝〕颜延之《庭诰》

【释义】孝顺不一定非以慈爱为前提，而慈爱却能培植孝心；恭敬不一定非得以友善为前提，而友善却确实能够树立恭敬之心。

人遗子孙以财，我遗之清白。子孙才也，则自致辎軿，如其不才，终为他有。

——〔南北朝〕徐勉，语出《南史·徐勉传》

【释义】别人给子孙留下钱财，我给子孙留下清白做人的家风。子孙有才能，就会自己为自己挣来钱财，如果没才能，给他留下的钱财最终也会归别人。

父母威严而有慈，则子女畏慎而生孝矣。

——〔南北朝〕颜之推《颜氏家训·教子篇》

【释义】做父母的平时威严而且慈爱，子女就会敬畏谨慎，从而产生孝心。

父有过失，子当谏诤，岂可潜谋非法，受不孝之名！

——〔隋〕杨坚，语出《资治通鉴·陈纪》

【释义】父亲有过错，做儿子的当提出劝告，不应和他一道为非作歹，当个不孝之子！

君子之事亲，养志为大。吾志直通而已，苟枉而道，三牲五鼎，非吾养也。

——〔唐〕穆宁《家令》

【释义】君子在奉养父母的问题上，要把培养自己高远的志向看成头等大事。我的志向只不过就是奉行正直的做人原则，你们也要这样。如果你们走的是邪路，那么你们即便是用再丰盛的食品来奉养我，也不能算是对我的奉养。

孝子事亲，须事事躬亲，不可委之使令也。

——〔宋〕荥阳公，语出《童蒙训》

【释义】孝子侍奉父母亲，要事事自己动手，不能委托别人代劳。

内睦者家道昌，外睦者人事济。

——〔宋〕林逋《省心录》

【释义】家庭内部和睦，家道就会昌盛；与家外的人和睦相处，办事情就能顺利。

为人母者，不患不慈，患于知爱而不知教也。

——〔宋〕司马光《家范》

【释义】当母亲的，不必担心她对孩子不慈爱，值得担心的是她爱儿女却不知教育儿女。

知子莫若父。当年少时，观其读书之利钝，行事之醇疵，即可觇其终身之贤不肖也。

——〔宋〕李之彦《东谷所见·养子》

【释义】没有谁比父亲更了解自己的儿子的。在儿子少年时，从他的读书是聪明还是鲁钝，办事是忠厚还是有缺点，就可以预见他这辈子是贤德还是不孝了。

古者教小子弟，自能食能言即有教，以至洒扫应对之类皆有所习，故长大则易语。

——〔宋〕陆九龄，语出《小学》

【释义】古时候教育小儿女，从他们能吃饭、会说话开始，就要进行教育，让他们熟悉打扫卫生、与人谈话时的规矩等等，所以等他们长大成人之后，就容易跟他们谈论道理。

见老者，敬之；见幼者，爱之。有德者，年虽下于我，我必尊之；不肖者，年虽高于我，我必远之。

——〔宋〕朱熹《朱子家训》

【释义】见到老人要尊敬，遇见小孩要爱护。有德行的人，即使年纪比我小，我一定尊敬他。品行不端的人，即使年纪比我大，我一定远离他。

况对汝二子，岂复知吾贫。大儿愿如古人淳，小儿愿如古人真。平生乃亲多苦辛，愿汝苦辛过乃亲。

——〔元〕许衡《训子》

【释义】况且对着你们两个孩子，想到你们怎么会知道我早年的贫寒。老大我希望你能像古人那样质朴忠厚，老二我希望你能像古人那样真挚诚实。你们的父亲一生很辛苦，我希望你们的辛苦能超过你们的父亲。

朕于诸子常切谕之：一举动戒其轻，一言笑斥其妄，一饮食教之节，一服用教之俭。恐其不知民之饥寒也，尝使之少忍饥寒；恐其不知民之勤劳也，尝使少服劳事。

——〔明〕朱元璋，语出《明太祖实录》

【释义】我经常真切地告诫儿子们：一是他们不要举动轻浮，二是他们说笑不要狂妄，三是教他们在饮食上要有节制，四是教他们在穿着上要能俭朴。我担心他们不知道人民的饥寒，曾经让他们稍微忍受一下饥寒；我担心他们不懂得人民的勤劳，曾经让他们稍微参加一点劳动。

凡做人，在心地；心地好，是良士；心地恶，是凶类。譬树果，心是蒂；蒂若坏，果必坠。

——〔明〕王阳明《示宪儿》

【释义】凡是做人的根本，在于人的心地；心地好的人，就是好人；心地坏的人，就是坏人。就好像是水果，心地就是水果的蒂，蒂坏了，水果就要坠落了。

家人恩胜之地,情多而义少,私易而公难,若人人遂其欲,势将无极。

——〔明〕吕坤《呻吟语》

【释义】家人之间是恩情为主的地方，讲究感情多，讲究大义少，讲私情容易，讲公道则难。如果人人都因此追求各自的私欲，势必会发展到不可收拾的地步。

家人有过,不宜暴怒,不宜轻弃。此事难言,借他事隐讽之;今日不悟,俟来日再警之。如春风解冻,如和气消冰,才是家庭的型范。

——〔明〕洪应明《菜根谭》

【释义】家里人有了过错，不要大发雷霆，也不要轻易放过。这件错事不好当面说，假借其他的事情启发他；他今天没有领悟，可以明天再提醒他。这样就像春风解冻，像温暖的气流消去冰冻，这才是一个家庭处理过失的典范。

心者，后裔之根。未有根不植而枝叶荣茂者。

——〔明〕洪应明《菜根谭》

【释义】正直善良的心，是子孙后代的根本。没有不栽植好树根而让这棵树枝茂叶盛的。

蒙养无他法,但日教之孝悌,教之谨信,教之泛爱众亲仁。看略有余暇时,又教之文学。

——〔明〕姚舜牧《药言》

【释义】启蒙教养孩子是不用其他办法的，只要每天教给他们孝悌的道理，教给他们谨言慎行，教给他们要以仁爱之心对待他人。如果再有余闲时间，还要教他们读书做文章。

一粥一饭，当思来处不易；半丝半缕，恒念物力维艰。

——〔清〕朱柏庐《朱子治家格言》

【释义】一点点食物，都要想到它是来之不易的；一件件衣物，都要想到在它上面所花费的劳力。

阴阳和而后雨泽降，夫妇和而后家道成。

——〔清〕程允升《幼学琼林·夫妇》

【释义】阴阳调和才能降下甘霖，夫妻和睦才能成就家庭。

存心不善，风水无益；父母不孝，奉神无益；兄弟不和，交友无益；行止不端，读书无益；做事乖张，聪明无益；心高气傲，博学无益；时运不通，妄求无益；妄取人财，布施无益；不惜元气，服药无益；淫恶肆欲，阴骘无益。

——〔清〕林则徐《十无益格言》

【释义】寸心不良善，风水再好也没有益处；不孝敬父母，求神再多也没有益处；兄弟之间不和睦，交朋友再多也没有益处；行为不端正，读书再多也没有益处；做事情偏执不讲道理，天资再聪明也没有益处；心高气傲，知识渊博也没有益处；时运不济，妄然求取也没有益处；妄取别人的钱财，施舍再多也没有益处；不珍惜自己的元气，吃药再多也没有益处；生活上骄奢淫逸，做了官也没有益处。

为一身计，则必操习技艺，磨炼筋骨，困知勉行，操心危虑，而后可以增智慧而长见识。

——〔清〕曾国藩《诫子书》

【释义】为你们将来安身立命考虑，你们应该努力学习和实践本领，积极锻炼自己的体魄，感觉到知识少时就加倍努力学习，时刻都能做到居安思危，然后你们才能通过增长知识智慧来提高才干。

孩子懒惰，不应责备他们，因为是父母把他们养成这样的。

——〔古希腊〕伊索《伊索寓言》

财产既然是家庭的一个部分，获得财产也应该是家务的一个部分。人如果不具备必需的条件，他简直没法生活，更说不上优良的生活。

——〔古希腊〕亚里士多德《政治学》

对孩子的责任感是一切美德的基础。

——〔古罗马〕西塞罗《克诺奥》

开始吧，孩子，开始用微笑去认识你的母亲吧！

——〔古罗马〕维吉尔《牧歌集》

父母的美德是一笔巨大的财富。

——〔古罗马〕贺拉斯《颂诗集》

炫耀自己血统的人，实际上是在吹嘘别人的功德。

——〔古罗马〕塞涅卡《疯狂的赫拉克勒斯》

好人的家里如果有一个恶妻，今生等于走进了地狱。

——〔古波斯〕萨迪《蔷薇园》

家世是算不清的糊涂账，只有乐善好施的积德之家才是高贵的。为什么呢？品性恶劣的贵人就是大贱人；手笔啬刻的富人就是精穷鬼。

——〔西班牙〕塞万提斯《堂吉诃德》

父母对子嗣之间的慈爱往往是不平均的，而且有时是不合理的，尤其以母亲的爱为然，如所罗门所说："智慧之子使父亲欢乐，愚昧之子使母亲蒙羞"。

——〔英国〕培根《论父母与子女》

有妻与子的人已经向命运之神交了抵押品了；因为妻与子是大事底阻挠物，无论是大善举或大恶行。

——〔英国〕培根《论婚姻与独身》

儿女的忘恩！这不就像这一只手把食物送进这一张嘴里，这一张嘴却把这一只手咬了下来吗？

——〔英国〕莎士比亚《李尔王》

父母自己在孩子幼小的时候，溺爱他们，把他们的本性弄坏了。他们自己在泉水的源头下了毒药，日后亲身喝到苦水，却又感到奇怪。

——〔英国〕洛克《教育漫话》

一切社会之中最古老的而又唯一自然的社会，就是家庭。

——〔法国〕卢梭《社会契约论》

共同生活的习惯，使人产生了人类所有情感中最温柔的情感：夫妇的爱和父母的爱，每个家庭变成一个结合得更好的小社会，因为相互依恋和自由是联系这一小社会的唯一的纽带。

——〔法国〕卢梭《论人类不平等的起源和基础》

家庭生活的乐趣是抵抗坏风气的毒害的最好良剂。

——〔法国〕卢梭《爱弥儿》

浪迹天涯的游子最终又会思恋故土，并在自己的茅屋内，在妻子的怀抱里，在儿女们的簇拥下，在为维持生计的忙碌操劳中，找到他在广大的世界上不曾寻得的欢乐。

——〔德国〕歌德《少年维特的烦恼》

让父母们得不到热爱与尊敬，这的确是罪孽；然而，如果孩子们逐渐长大的时候，作父母的不加爱护，只是交给漠不关心的雇佣来的外人看管，老年时得不到安慰，那就应该归咎于自己了。

——〔俄国〕克雷洛夫《克雷洛夫寓言·杜鹃和斑鸠》

谁不感到甜蜜，若是他走近家门，听到家犬向他吠出低沉的欢迎；或者想到，有一双眼睛正在关注他的来临，并将对他闪得更晶莹。

——〔英国〕拜伦《唐璜》

家庭关系的和谐依赖于各方履行自己的义务。

——〔英国〕雪莱《评赫格的〈爱历克斯海玛道夫亲王回忆录〉》

爱情很难抵得住家务的烦恼，必须一方具有极坚强的品质，夫妻才能幸福；夫妻间首要的是彼此理解，因此夫妻的一方不能比他方懂得更多的东西。

——〔法国〕巴尔扎克《猫打球商店》

家庭将永远是人类社会的基础。权力和法律的作用是在这儿开始的。

——〔法国〕巴尔扎克《乡村医生》

尊重是一道栅栏，既保护着父母，也保护着子女，使父母不用忧愁，使子女不用悔恨。

——〔法国〕巴尔扎克《家庭复仇》

塑成一个雕像，把生命赋予这个雕像，这是美丽的；创造一个有智慧的人，把真理灌输给他，这就更美丽。

——〔法国〕雨果《九三年》

在我的脑子里，家的概念就是一间屋子，里头的每一个人，或男或女，都可在自己的房间里随时生起火来。

——〔美国〕爱默生《日记》

家就是城堡，即使国王，不经邀请也不能擅自入内。

——〔美国〕爱默生《英国人的特性》

一个女人往往做了外婆才能真正体味做娘的滋味。

——〔英国〕萨克雷《名利场》

那些在细心的抚育和亲切的教养之下成长起来的人，处于穷困而不沮丧，受到痛苦而能超脱，因为在他们自己心里就有快乐、满足和安宁的资料，虽然他们的遭遇足以把许多不如他们的人压得粉碎。

——〔英国〕狄更斯《匹克威克外传》

从对家庭的爱里，发生了对国家的爱。

——〔英国〕狄更斯《老古玩店》

相亲相爱和家庭和睦乃是无价之宝，远比那些会生锈朽坏蠹咬蛾蚀的财物为可取。

——〔英国〕夏洛蒂·勃朗特《致亨利·纳西》

给丈夫带来了财富的妻子，往往也会带来自命不凡的意念，并且力争她自认为属于她的权利。这些都不利于婚后生活的幸福。

——〔英国〕夏洛蒂·勃朗特《致亨利·纳西》

在社会中执法若不严明，犯罪就会增多；在家庭中惩罚孩子如果迟疑不决或前后不一致，结果也会使过失大大增加。

——〔英国〕斯宾塞《教育论》

住惯了的地方就是好；哪怕日子过得相当清苦，总是自己的草窝好。

——〔俄国〕陀思妥耶夫斯基《穷人》

幸福的家庭都是相似的；不幸的家庭各有各的不幸。

——〔俄国〕列夫·托尔斯泰《安娜·卡列尼娜》

已婚的人从对方获得那种快乐，仅仅是婚姻的开头，绝不是其全部意义。婚姻的全部含义蕴藏在家庭生活中。

——〔俄国〕列夫·托尔斯泰《战争与和平》

乘在一条陌生船上，处在一帮陌生人当中，随便出多少代价都换不到称心如意和重新回到家里的安宁感。

——〔美国〕马克·吐温《傻子出国记》

在以利害打算为基础的家庭里，不可能有幸福。

——〔英国〕哈代《英国文学史》

有一个"家"，真是说不出的幸福。三十年来，我常想象这个家。可是我从来没有想到：当一个人确知自己已经永远有个家时，其欢欣幸福之感竟会如此深切与美妙。

——〔英国〕乔治·吉辛《四季随笔·夏天》

在妇女染有庸俗化习气的家庭里，最容易培养出骗子、恶棍和不务正业的东西来。

——〔俄国〕契诃夫《手记》

他知道有无穷的快乐藏在妈妈的心的小小一隅里，被妈妈亲爱的手臂拥抱着，其甜美远胜过自由。

——〔印度〕泰戈尔《孩童之道》

家庭只要幸福，房间小又何妨。

——〔美国〕欧·亨利《爱的牺牲》

凡是一个女人需要爱人家，需要被人家爱的那种独占的欲望，只能以自己的孩子为对象的时候，母性往往会发展过度，成为病态。

——〔法国〕罗曼·罗兰《约翰·克利斯朵夫》

一个母亲，她对自己的女儿说，为了女儿，她忍着地狱般的夫妻生活。女儿回答说："难道你以为对孩子来说，地狱能成为幸福家庭吗？"

——〔法国〕罗曼·罗兰《母与子》

亲人是不会拿你的生活开玩笑的，也不会把你的幸福视作儿戏。

——〔苏联〕高尔基《意大利童话》

如果想让孩子长成一个快乐、大度、无畏的人，那这孩子就需要从他周围的环境中得到温暖，而这种温暖只能来自父母的爱情。

——〔英国〕罗素《婚姻革命》

什么叫家？一个当你想回去而别人不能拒你于门外的地方。

——〔美国〕罗伯特·弗罗斯特《雇工之死》

我从来没有受到喋喋不休的"不许这""不许那"的严命制约。在我看来，这么多的"不许"，恰恰给儿童带来苦难。

——〔美国〕伊莎多拉·邓肯《邓肯自传》

不能真正满足一种实在的性欲需要,是心理病症最基本的因素之一。

——〔奥地利〕弗洛伊德《少女杜拉的故事》

和睦的家庭空气是世上的一种花朵,没有东西比它更温柔,没有东西比它更优美,没有东西比它更适宜于把一家人的天性培养得坚强、正直。

——〔美国〕德莱塞《嘉莉妹妹》

家庭的闭关自守是件不健康的事。它应当如一条海湾一样,广被外浪的冲击。外来的人不一定要看得见,但大家都得当他常在眼前。

——〔法国〕莫洛亚《人生五大问题》

在一个家庭里,若把孩子的愿望逐渐发展成任性行为,那么这些孩子是不会有真正的幸福的。

——〔苏联〕苏霍姆林斯基《家长教育学》

母亲——一位具有丰富精神世界的、有文化的、有广泛的社交兴趣的,有自尊心的、对丈夫的爱情始终不渝的、有严格要求和百折不挠精神的、对坏事不妥协和不容忍的母亲,在家庭中应该是道德和精神上的主宰和统治者。

——〔苏联〕苏霍姆林斯基《家长教育学》

家长可以有自己的理想,但如果干涉孩子具有各自的理想,那就等于不承认孩子的人格。

——〔日本〕池田大作《女性箴言》

对孩子来说，家庭应是歇憩的场所，培养丰富的人性的土壤，以及明亮无比的孩子之梦的温床。

——〔日本〕池田大作《女性箴言》

幸福的家庭与幸福的夫妇的共同之处是亲切，也许这亲切听起来好像是对待孩子的一种美德。它当然没有像勇敢、忠诚那样具有浪漫色彩，但正是亲切抚平了人们粗糙的心灵。

——〔意大利〕索菲亚·罗兰《女人的魅力》

健

PART 11

▼

健康：世间最大的财富

康

炮烧则晶莹，久置则生锈；体动则强健，久卧则委弱。

——康有为《上清帝第二书》

中国常人所饮者为清茶，所食淡饭，而加以菜蔬豆腐，此等之食料为今日卫生家所考得为最有益于养生也。

——孙中山《建国方略》

殊不知有健全之身体，始有健全之精神；若身体柔弱，则思想精神何由发达？

——蔡元培《在南开学校全校欢迎会上演说词》

"健全的精神，寓于健全的身体"是我们公认的；"人的健全，不但靠饮食，尤靠运动。"这也是我们公认的。

——蔡元培《运动的需要》

要运动，一个人总要动，要锻炼自己，做自己身体的主人。

——沈钧儒，语出《爱国老人沈钧儒》

教育里没有了体育，教育就不完全。我觉得体育比什么都重要。

——张伯苓《今后努力三件事》

一个人的身体，决不是个人的，要把它看作是社会的宝贵财富。凡是有志为社会出力，为国家成大事的青年，一定要十分珍视自己的身体健康。而这必须从年轻时期就打好基础，随时随地去锻炼身体。

——徐特立《对青年人的几点希望》

起居之不时，饮食之无节，侈于嗜欲，而啬于运动，此数者，致病之大源也。

——王国维《去毒篇》

人身遵新陈代谢之道则健康，陈腐朽败之细胞充塞人身则人身死；社会遵新陈代谢之道则隆盛，陈腐朽败之分子充塞社会则社会亡。

——陈独秀《敬告青年》

有了健全的身体，才有健全的精神，才能求高深的学问。运动尤其是养成高尚人格的最好方法。

——马约翰《中国青年体育之重要》

革命要能力也要体力。为了革命不应爱惜生命；为了革命又必须要生命存在和生命的健康。

——谢觉哉《六十自讼》

怠惰如锈，其衰弱身体，速于劳动。是故常用之钥，必有光泽。

——林伯渠《林伯渠日记》

我也已经从种种体验上知道运动的要义不在趣味而在继续持久，养成习惯。

——夏丏尊《早老者的忏悔》

凡能建大业者，其体力或精力必高出寻常一等。因为体格健全，乃能勤苦耐劳，乃能料理常人所不能料理的事；亦可以说精力饱满者；一定有勇气，能遇卓镇定，临险不惧。

——张君劢《立国之道》

适当的休息，是健身的主要秘诀之一，万不可忽略。忽略健康的人，就是等于在与自己的生命开玩笑。

——陶行知《每天四问》

身体和精神要全体顾到，不可偏于一面。譬如在体育上，耳目口鼻手足统要使他健全；在智育上，既要使他自知，又要使他能够利用天然界的事物；在德育上，公德和私德，都不可欠缺的。

——陶行知《新教育》

年轻人有的是健康，因而他也就浪费健康。到了觉得健康值得宝贵的时候，那犹如已经把钱失掉了的败家子，是已经失掉健康了。

——郭沫若《我如果再是青年》

体者，为知识之载而为道德之寓者也，其载知识也如车，其寓道德也如舍。体者，载知识之车而寓道德之舍也。

——毛泽东《体育之研究》

近人有言曰：文明其精神，野蛮其体魄。此言是也。欲文明其精神，先自野蛮其体魄；苟野蛮其体魄矣，则文明之精神随之。

——毛泽东《体育之研究》

你不能赤手空拳地开始你的行程，你必须用知识把自己武装起来，你必须锻炼出健壮的身体和足够的勇气。

——宋庆龄《什么是幸福》

情贵淡，气贵和，唯淡唯和，乃得其养，苟得其养，无物不长。

——梁漱溟，语出《梁漱溟年谱》

精神畅快，心气和平。饮食有节，寒暖当心。起居以时，劳逸均匀。

——梅兰芳《怎样保护嗓子》

不言体育而空言道德，空言智识，言者暗矣，听者心厌矣，究于事实何裨之有？

——恽代英《〈美国元老议员之健康〉译者按》

吾辈当求真心得，做真事业，尤其要树好身体基础。

——向警予《给七哥七嫂的信》

我们必须承认强健的身体和活泼的精神是个人生趣的根源，工作的利器。我们倘使忽视或耗费这方面的生活，就无异自白是个废物，是个呆子。

——杨贤江《现在中国青年的生活态度》

好的精神寓于好的身体。如要有什么成就，则非先好好地注意自己的身体不可。

——杨贤江，语出《一位最好的先驱》

因为越接近自然，越能保持体格上与道德上之健康状态。

——林语堂《吾国与吾民》

一定得有这个气魄：有一个挨得起饿，受得起冻，经得起跌打的身体，有一个不怕风吹，不会失眠，不知道什么叫做晕眩的脑袋。

——茅盾《我的童年》

能自强则身长健，不自老乃享大年。

——茅以升《为〈中国老年〉杂志社题词》

人生可贵，并不在有过剩精力时才可流露自由活动，而在能超过自然需要的紧迫，于精疲力竭时仍有自由活动的表现。

——朱光潜《艺术的起源与游戏》

从锻炼成健康的身体中来锻炼出健康的精神，这是做一切工作所必遵循的一条辩证唯物主义的准则。

——朱光潜《我学美学的一点经验教训》

有幸福是永远不离母亲抚育的孩子，有健康是永远接近自然的人们。

——徐志摩《我所知道的康桥》

为医治我们当前生活枯窘，只要"不完全遗忘自然"一张轻淡的药方，我们的病象就有缓和的希望。

——徐志摩《我所知道的康桥》

健全自己身体，保持合理的规律生活，这是自我修养的物质基础。

——周恩来《我的修养要则》

只有身体好才能学习好工作好，才能均衡地发展。

——周恩来《为祖国锻炼身体》

当注意身心精神的健强，不作无益来害有益；因我辈所负的责任甚大，若无真精神，将来何以能达光明之域啊！

——杨闇公《杨闇公日记》

身体太坏。有心无力，勇气是支持不住肉体的疲惫的。

——老舍《致陶亢德》

愉快劳动精神好，足够休息保护脑。长期锻炼强身体，适当娱乐不烦恼。节制饮食慎起居，讲究卫生身体好。风烛残年成过去，精神百倍腾云霄。

——俞平伯《养生歌谣》

身体是革命的本钱。没有好的身体，空有革命理想和热情，是不行的。重病一场，使我对这点体会尤深。

——徐向前《历史的回顾》

一个人体力神经都有个限度，一认真，便常常不知不觉要超过这个限度去使用，心情状态很可能就将失去平常人过日子的平衡。

——沈从文《职业与事业》

对疾病作斗争是对自己的一种锻炼。

——邓颖超《怎样对慢性病作斗争》

老夫寿高一百九，市人称我无忧叟。人生之道能无忧，忧而不忧可长久。

——蒋兆和《题〈无忧叟〉》

思想大门洞开，情绪轻松愉快。锻炼营养药物，健康恢复快哉。

——臧克家，语出《臧克家养生二要》

霜天晓月暗长林，三五疏星衬远村。为爱凌晨空气好，何妨跑步试强身。

——萧军《晨跑》

我们不怕经常苦闷，经常矛盾，但必须不让这苦闷与矛盾妨碍我们愉快的心情。

——傅雷《傅雷家书》

一个人有很强的生命力，身体健壮，才有价值。

——张岱年《理想人格的设计》

养生之道无他，唯养得此心至清至静，湛然自在，神气冲和，十方圆明。

——萧天石《道海玄微》

我曾亲身经历，领会到体力、脑力并不分家，同属于一个身体；耗尽体力，脑力也没有多余了。

——杨绛《第一次下乡》

古来一切有成就的人，都很严肃地对待自己的生命。

——邓拓《生命的三分之一》

疾病并不可怕，可怕的是自己被疾病吓倒。

——杨沫，语出《杨沫之路》

耽于懒惰逸乐的人，会跟着产生一连串恶念与恶行，贪婪、自私、嫉妒、凶残、卑鄙，日益背离真理等等。

——秦牧《和年轻人聊天·青春生活的主旋律》

缺少身体的活动，是体能的浪费；缺少思想的活动，是心智的浪费。

——罗兰《美德小语》

当我们能够随心所欲地走走、跑跑、跳跳的时候，应该意识到这是一份幸福，不要忽视这幸福。

——罗兰《生动》

即使身体健壮如牛，老不耕田，活着也没有多大的意义。

——陆文夫《送鲍昌归去》

只有尽量去除嫉妒心，把人际间的难免的不服气引导成为合法的、积极的、光明的与正当的竞争，才算健康。

——王蒙《心理健康的三个标准》

我不跟潮流走，这使我的衣服永远长新；我不耻于活动四肢，这使我健康敏捷。

——三毛《简单》

闲暇和休息也是神圣的。闲暇是生命的自由空间。只是劳作，没有闲暇，人会丧失性灵，忘掉人生之根本。

——周国平《闲适，享受生命本身》

我坚信，成长的历程，离不开生病，包括一切精神与心理的疾病。所谓死而后生矣。

——陈染《挺住意味着一切》

假寐永叹，维忧用老。

——《诗经·小雅·小弁》

【释义】和衣躺下叹息不止，忧伤让人逐渐衰老。

上古之人，其知道者，法于阴阳，和于术数。食饮有节，起居有常，不妄作劳，故能形与神俱，而尽终其天年，度百岁乃去。

——《黄帝内经·素问·上古天真论》

【释义】上古时代那些遵循天地大道的人，他们懂得效法天道运行的规律，掌握调精养气的方法。他们饮食有节制，起居有规律，不过分劳作，因此能让身体和精神的和谐一致，寿命超过百岁才离开人世。

久视伤血，久卧伤气，久坐伤肉，久立伤骨，久行伤筋，是谓五劳所伤。

——《黄帝内经·素问·宣明五气》

【释义】长时间地用眼会劳心而有伤于血，长时间躺着会劳肺而有伤于气，长时间坐着会劳脾而有伤于肌肉，长时间站着会劳肾而有伤骨骼，长时间行走会劳肝而有伤筋节。

起居时，饮食节，寒暑适，则身利而寿命益。

——〔春秋〕管仲《管子·形势》

【释义】起居有规律，饮食有节制，寒暑变化时换适当的衣服，那么就会对身体有利而长寿。

贵以身为天下，若可寄天下；爱以身为天下，若可托天下。

——〔春秋〕老子《道德经》

【释义】珍惜自己的身体是为了治理天下，才可以把天下委托给他；爱惜自己的身体是为了治理天下，才可以把天下托付给他。

知者乐，仁者寿。

——〔春秋〕孔子，语出《论语·雍也》

【释义】有智慧的人快乐，有仁德的人长寿。

君子有三戒：少之时，血气未定，戒之在色；及其壮也，血气方刚，戒之在斗；及其老也，血气既衰，戒之在得。

——〔春秋〕孔子，语出《论语·季氏》

【释义】君子要警戒三件事：青年时期血气不够稳定，要警戒美色诱惑；等到壮年时期血气旺盛，要警戒争强斗胜；到老年时血气已经衰弱，要警惕贪得无厌。

居移气，养移体。

——〔战国〕孟子，语出《孟子·尽心上》

【释义】居住的环境会改变人的气质，养生得当可以改变人的体质。

养心莫善于寡欲。

——〔战国〕孟子，语出《孟子·尽心下》

【释义】修养身心没有比降低欲望更好的了。

人之所取畏者，衽席之上，饮食之间，而不知为之戒者，过也。

——〔战国〕庄子，语出《庄子·达生》

【释义】人们自取灾祸的事儿，是在色欲和饮食上，对这两件事不知道引以为戒，就错了。

不能说其志意，养其寿命者，皆非通道者也。

——〔战国〕庄子，语出《庄子·盗跖》

【释义】不能让自己意志愉悦，保养自己寿命的人，都不是懂得大道的人。

乐易者常寿长，忧险者常夭折。

——〔战国〕荀子，语出《荀子·荣辱》

【释义】平易乐观的人经常能够长寿，多愁多虑的人经常会早逝。

去甚去泰，身乃无害。

——〔战国〕韩非《韩非子·扬权》

【释义】舍弃过分的享受，不过奢侈的生活，身体才不会受到伤害。

圣人之于声色滋味也，利于性则取之，害于性则舍之，此全性之道也。

——〔战国〕吕不韦及其门客《吕氏春秋·本生》

【释义】圣人面对音乐、美色、美味的享受，对养生有利的就取用它，对养生有害的就舍弃它，这是保全生命的方法。

居处不理，饮食不节，佚劳过度者，病共杀之。

——〔汉〕韩婴《韩诗外传》

【释义】生活起居没有规律，饮食不加节制，安逸、劳累过度的人，会招致各种疾病来杀他。

神大用则竭，形大劳则敝，形神离则死。

——〔汉〕司马迁《太史公自序》

【释义】过分劳神，精神就会衰竭；过分劳累，身体就会疲敝；精神和身体都疲惫不堪，就会死。

乐太盛则阳溢，哀太盛则阴损。

——〔汉〕东方朔，语出《汉书·东方朔传》

【释义】人太过兴奋阳气就会向外散溢，太过悲伤阴气就会因此减损。

人以精神为寿命，精神不伤，则寿命长而不死。

——〔汉〕王充《论衡·道虚》

【释义】人以精气神为寿命的根本，精气神不损伤的人，就能长寿而不会死。

人体欲得劳动，但不得使极尔。

——〔汉〕华佗，语出《三国志·魏志·华佗传》

【释义】人的身体是需要勤劳活动的，但是不能过分劳累。

盈缩之期，不但在天；养怡之福，可得永年。

——〔汉〕曹操《龟虽寿》

【释义】人的寿命不仅仅靠上天的赐予，善于养生的人可以长寿。

蝎盛则木朽，欲胜则身枯。

——〔三国〕嵇康《答向子期难养生论》

【释义】蛀虫多了树木就要朽枯；欲望多了身体就会垮掉。

明德惟馨，无忧者寿，啬宝不夭，多惨用老。自然之理，外物何为？

——〔晋〕葛洪《抱朴子·道意》

【释义】美好的品德才是真正的芳香，没有忧虑的人才能长寿，珍惜身体的人不会夭折，忧患过多的人会因此衰老。这是自然的法则，与身外之物又有什么关系呢？

逍遥以针劳，谈笑以药倦。

——〔南北朝〕刘勰《文心雕龙·养气》

【释义】心态逍遥可以消除疲劳，谈笑风生能驱除疲惫。

不乐损年，长愁养病。

——〔南北朝〕庾信《闲居赋》

【释义】闷闷不乐会缩短寿命，愁眉不展会滋生疾病。

外疾之害，轻于秋毫，人知避之；内疾之害，重于泰山，而莫之避。

——〔南北朝〕刘昼《刘子·防欲》

【释义】外部疾病的危害，比羽毛还轻，人们都懂得避开；内心疾病的危害，比泰山还重，人们却不知道避开。

夫生不可不惜，不可苟惜。

——〔南北朝〕颜之推《颜氏家训·养生》

【释义】生命不可不珍惜，但是也不能毫无原则地珍惜。

德行不克，纵服玉液金丹，未能延寿。

——〔唐〕孙思邈《千金要方》

【释义】一个人的品德行为不好，不管服用什么灵丹妙药，也没法延长寿命。

踣者思起，必呼而求拯；疾者思愈，必呻而求医。

——〔唐〕刘禹锡《上杜司徒书》

【释义】跌倒的人想要爬起，一定呼唤着请求帮助；生病的人想要痊愈，一定呻吟着要求医治。

自静其心延寿命，无求于物长精神。

——〔唐〕白居易《不出门》

【释义】自己宁静本心延长寿命，不去追求外物增长精神。

惩病克寿，矜壮死暴。纵欲不戒，匪愚伊耄。

——〔唐〕柳宗元《敌戒》

【释义】有病重视防治的人能长寿，自恃身体健壮常常会突然暴死。放纵欲望不知道节制的人，不是愚昧就是老糊涂。

口腹不节，致病之因；念虑不正，杀身之本。

——〔宋〕林逋《省心录》

【释义】饮食没有节制，是致病的原因；思想念头不符合正道，是招致杀身之祸的根由。

百忧感其心，万事劳其形；有动于中，必摇其精。

——〔宋〕欧阳修《秋声赋》

【释义】各种忧虑撼动他的心，万般事务劳累他的身体。心中受到撼动，一定会耗损他的精神。

不以嗜欲累其心，不以小害大，末丧本焉尔。

——〔宋〕张载《正蒙·诚明》

【释义】不因为嗜好欲望牵累他的心，不因贪图小的利益而损害大的目标，也不因次要的事情损害根本的事情。

人之生也，以气为主，食为辅。

——〔宋〕苏轼《盖公堂记》

【释义】人的生命，以元气为主，食物为辅。

天以日运，故健；日月以日行，故明；水以日流，故不竭；人之四肢以日动，故无疾；器以日用，故不蠹。

——〔宋〕苏轼《御试制科策》

【释义】天因为每日运行，所以才刚健；日月因为每天运行，所以才光明；水因为每天流动，所以才不会枯竭；人的四肢因为每天活动，所以才没有疾病；器物因为每天使用，所以才不会损坏。

大抵养生求安乐，亦无深远难知之事，不过寝食之间尔。

——〔宋〕张耒《粥记赠邠老》

【释义】大致来说，通过养生求得身心安乐，也没什么特别深奥难懂的，只不过就是在吃饭、睡觉上下功夫罢了。

人莫不爱其生，故莫不厚其生；莫不厚其生，故莫不伤其生。

——〔宋〕杨万里《庸言》

【释义】人们没有不爱惜自己生命的，所以人们追求丰厚的享乐；追求丰厚的享乐，所以就会没有不伤害生命的。

人之一身，从幼及老，疢疾忧患，惕焉以保。

——〔元〕吴莱《惰箴》

【释义】人的这个身体，从幼小到老年，会有各种疾病忧患，要以警惕戒慎的态度自我保全。

人能克己身无患，事不欺心睡自安。

——〔元〕马致远《岳阳楼》

【释义】人能克制自己就不会有祸患，做事情不昧着良心睡觉也能安稳。

勿以妄想戕真心，勿以客气伤元气。

——〔明〕吴与弼《康斋日记》

【释义】不要因为非分之想而伤害真心，不要因为意气用事而损伤元气。

累绝则悲去，悲去则性命安。

——〔明〕归有光《周秋汀八十寿序》

【释义】断绝了外物的牵累，也就没有了悲伤；没有了悲伤，那么生命就能安顿好了。

养德尤养生第一要也。德在我，而蹈白刃以死，何害其为养生哉？

——〔明〕吕坤《呻吟语》

【释义】修养品德才是养生中第一重要的。我有了高尚的品德，就算冒着刀枪而就义，对养生又有什么损害呢？

善养生者养内，不善养生者养外。

——〔明〕龚廷贤《寿世保元》

【释义】善于养生的人保养内脏，不善于养生的人保养外形。

养生在初，固根在始。

——〔明〕庄元臣《叔苴子·内篇》

【释义】养生在人之初就要着手，坚固根本要在开始时就要做。

人之大事，莫若死生，能葆其真，合乎天矣。

——〔明〕张介宾《〈类经〉序》

【释义】人生的大事，没有比生死更大的了。能够保全自己的真元，就能得享天年。

常动则筋骨竦，气脉舒。

——〔清〕颜元《颜习斋先生言行录》

【释义】经常运动就会使筋骨振作，气脉通畅。

恼一恼，老一老；笑一笑，少一少。

——〔清〕钱大昕《恒言录》

【释义】烦恼一次就会老上一些，欢笑一次就会年轻上一些。

欲寿命有三术，惜神一，生物二，离怨憎三。

——〔清〕龚自珍《壬癸之际胎观第四》

【释义】想要长寿的途径有三条：第一是爱惜心神，第二是和谐外物，第三是远离抱怨憎恨的情绪。

身勤则强，逸则病。

——〔清〕曾国藩《曾国藩箴言录》

【释义】身体勤劳就会强壮，贪图安逸就会生病。

身体虽弱，却不宜过于爱惜，精神愈用则愈出，阳气愈提则愈盛。

——〔清〕曾国藩《曾国藩家书》

【释义】身体虽然弱，但是不要过分爱惜。人的精神是越用越出来，阳刚之气越是提升就会越旺盛。

没有什么比健康更快乐的了。虽然他们在生病之前并不曾觉得那是最大快乐。

——〔古希腊〕柏拉图《理想国》

人们在祈祷中恳求赐给他们健康，而不知道他们自己是健康的主人。他们以无节制的行为违反健康而行事，这就是以自己的情欲背叛了健康。

——〔古希腊〕赫拉克利特《赫拉克利特著作残篇》

身体最强健的人不容易受饮食或劳作的影响，最茁壮的草木也不容易受风日的影响。

——〔古希腊〕柏拉图《文艺对话集》

当其病时，当健康为幸福，当其贫穷时，则以财富为幸福，当自觉其无知时，又羡慕那能宣传某种为他所不能想到的伟大理想的人。

——〔古希腊〕亚里士多德《伦理学》

我们所谓的快乐，是指身体的无痛苦和灵魂的无纷扰。

——〔古希腊〕伊壁鸠鲁《致美诺寇的信》

运动和节欲能使人在暮年还保持青春的活力。

——〔古罗马〕西塞罗《论高龄》

人皆有死，最重要第一是健康，第二是天生性情温和，第三是有一份并非来之不义的财产，第四是有一批朋友欢度春光。

——〔古希腊〕无名氏《幸福四要素》

只要身体健康、精神白由，我却不计较损失了的财物。一旦健康恢复、痛苦解除，金钱、地位便可指日而获。

——〔阿拉伯〕《一千零一夜·邢朵和哈卓祝的故事》

人世间有四件珍宝，能使人们摆脱忧愁，充满欢笑：健康的身体，高尚的品德，良好的名声、聪明的头脑。

——〔古波斯〕鲁达基《四件珍宝》

学者们常把睡眠称为暂时的死亡。这是因为不论睡眠或死亡都是离开了世界。睡眠过多并不值得称赏，因为它会使体魄懒散、精神涣散、性格变态。

——〔古波斯〕昂苏尔·玛阿里《卡布斯教诲录》

不要吃得太多，也不要吃得太少，太多会害病，太少会丧命。饮食虽能维持生命，过度也会影响健康。

———〔古波斯〕萨迪《蔷薇园》

醉酒是埋葬人们理智的坟墓。节制饮食是良方。

———〔英国〕乔叟《坎特伯雷故事集》

苦痛不入的健康本身即是快乐之源，虽然并无从外部所引起的快乐。

———〔英国〕托马斯·莫尔《乌托邦》

健康是我们的生命。没有健康，生活就不等于生活，就等于生而不活。没有健康，生活就只是憔悴；活着也等于死亡。

———〔法国〕拉伯雷《巨人传》

生命是一项有形的肉体运动，一种其本身特有的实际活动，这活动既不完整，也不规则；我依循生命本身来对待它，将这作为我的职责。

———〔法国〕蒙田《蒙田随笔》

健康的开始在于知道自己的疾病，在于愿意服医生开给他的处方。

———〔西班牙〕塞万提斯《堂吉诃德》

身体健康，起居有节，能延年益寿。生活没有节制，往往缩短生命。

———〔西班牙〕塞万提斯《堂吉诃德》

在吃饭、睡觉、运动的时候，心中坦然，精神愉快，乃是长寿的最好秘诀之一。

——〔英国〕培根《论养生》

您的一切亲爱的同伴们的生命，都依赖着您的健康；要是您在狂暴的感情冲动之下牺牲了您的健康，他们的生命也将不免于毁灭。

——〔英国〕莎士比亚《亨利四世》

富贵催人生白发，布衣蔬食易长年。

——〔英国〕莎士比亚《威尼斯商人》

我们的身体要过着一种有规则的、有节制的生活，方能保持健康精壮。

——〔捷克〕夸美纽斯《大教学论》

灵魂的健康并不比身体的健康更有保障，无论我们显得离激情多么遥远，被激情夺走的危险并不少于身体健康时突然患病的危险。

——〔法国〕拉罗什福科《道德箴言录》

通过严格的养生法，才得以保持住自己的健康。像是患了了不得的疾病那样。

——〔法国〕拉罗什福科《道德箴言录》

健康的精神寓于健全的身体。这是对于幸福人生的一个简短而充分的描述。

——〔英国〕洛克《教育漫话》

早睡早起，使人健康、富有、明智。

——〔美国〕本杰明·富兰克林《穷理查智慧书》

身体必须要有精力，才能听从精神的支配。

——〔法国〕卢梭《爱弥儿》

身体对创造力至少有极大的影响。过去有过一个时期，在德国人们常把天才想象为一个矮小瘦弱的驼子。但是我宁愿看到一个身体健壮的天才。

——〔德国〕歌德，语出《歌德谈话录》

自然的珍宝你探不到底，它既可怡情，又可益智，他们寄忧思于自然，用自然美来对照社会的丑。

——〔英国〕华兹华斯《规劝和回答》

人的幸福只有在身体健康和精神安宁的基础上，才能建立起来。

——〔英国〕罗伯特·欧文《新社会观》

谁要想寿命和钱财两旺，请您从今开始即早睡早起，这样，等您八十岁以后进了棺材，在墓志铭上值得一书：您四点起来。

——〔英国〕拜伦《唐璜》

在一切幸福中，人的健康胜过任何其他幸福。我们真可以说，一个身体健康的乞丐要比疾病缠身的国王幸福得多。

——〔德国〕叔本华《人生的智慧》

从人格一词的广泛意义来说，人就是人格，其中包括着健康与精力、美与才性、道德品性、智慧和教育等等。

——〔德国〕叔本华《人生的智慧》

有规律的生活原是健康与长寿的秘诀。

——〔法国〕巴尔扎克《赛查·皮罗多盛衰记》

健康最重要。疾病令人胆怯而懦弱，为了苟延残喘，病人必须节约自己的生命资源；而强健的身体和充沛的精力可以达到自己的目的，而且多余的生气会泛滥溢出，淹没邻居，浇注其他人干涸的溪流。

——〔美国〕爱默生《论力量》

专心于健康的事越少，变为不健康的倾向的危险就越大。

——〔英国〕狄更斯《双城记》

身体既是心智的基础，发展心智就不能使身体吃亏。

——〔英国〕斯宾塞《教育论》

我们需要新的目标和手段，也就是一个比过去更强壮、更敏锐、更坚韧、更快乐、更有胆量的健康。

——〔德国〕尼采《快乐的科学》

如果没有理想的健康状态，我是无法再将这繁重吃力的工作继续干下去的。

——〔奥地利〕弗洛伊德《梦的解析》

悲观主义是精神上狂醉的一种形式，它轻视有益于健康的食物，纵情于颓废的狂饮，并人为地制造低落情绪而渴望更强烈地饮酒。

——〔印度〕泰戈尔《人生的亲证》

强健的体魄恢复时，智力和创造力就会再生。

——〔法国〕罗曼·罗兰《与梅森堡的通信》

惟有对外界事物抱有兴趣才能保持人们精神上的健康。

——〔英国〕罗素《斯多噶主义和心理健康》

我们要使每个人在各方面都发展，既会跑，又会游泳，既走得快，又走得好，使整个身体都很健康。

——〔苏联〕加里宁《论共产主义教育》

谁要想维护精神，他也就要注意同精神联在一起的身体健康。

——〔美国〕爱因斯坦《犹太共同体》

理想的人是品德、健康、才能三位一体的人。

——〔日本〕木村久一《早期教育与天才》

黎明即起者健康长寿，终夜沉睡者早灭足迹。

——〔黎巴嫩〕纪伯伦《行列歌》

理想的职业，越干越有利于他人和自己，越干肉体越健康，精神越能得到全面的满足。

——〔日本〕武者小路实笃《人生论》

不论有多么出众的才能和力量，不论有多么高明的见识，一旦卧床不起，人生就将化为乌有。

——〔日本〕池田大作《青春寄语》

健康的方式是无穷无尽而且富于扩张性的，它会使整个世界变得充实；反之，疾病的方式则是有限而萎缩的，它会使世界萎缩。

——〔英国〕奥利弗·萨克斯《觉醒》

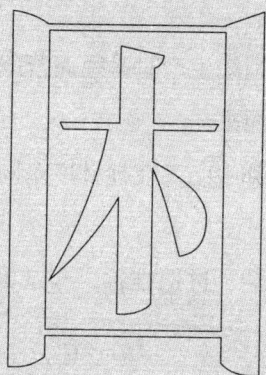

困

PART 12

▼

困厄：磨炼人格的机遇

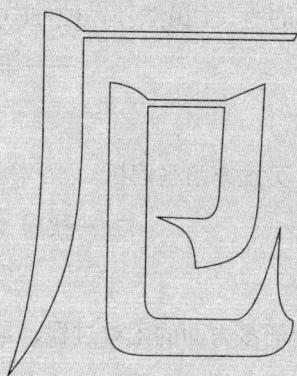

厄

世之所谓英雄者，不以挫抑而灰心，不以失败而退怯。

——孙中山《致黄兴书》

添丁虽为人所愿，须知生产时必经痛苦危险。从此可知，人欲享安乐，必须由困苦艰难而来。

——孙中山《在桂林广东同乡会欢迎茶会的演说》

逆境之中，跋前疐后，进退维谷，非以勇敢之气持之，无由转祸而为福，变险而为夷也。

——蔡元培《中学修身教科书·勇敢》

种种烦恼皆为我练心之助，种种危险皆为我练胆之助，随处皆我之学校也。

——梁启超《养心语录》

若使有个安心立命的所在，虽然外界种种困苦，也容易抵抗过去。

——梁启超《欧游心影录》

俗子胸襟谁识我，英雄末路当磨折。

——秋瑾《满江红·小住京华》

应看到在工作与生活多方面的困难过程，是一个锻炼的过程，更应看到可以由不知疲倦的勤劳工作中，锻炼出、产生出智慧和勇敢，那就更可宝贵。

——徐特立《青年的学习问题》

什么是路？就是从没路的地方践踏出来的，从只有荆棘的地方开辟出来的。

——鲁迅《生命的路》

愿中国青年都摆脱冷气，只是向上走，不必听自暴自弃者流的话。能做事的做事，能发声的发声。有一分热，发一分光。

——鲁迅《热风·随感录四十一》

但一息尚存，断不许吾人以绝望自灰。

——李大钊《厌世心与自觉心》

将这生存着的环境，都看作我们感觉底磨炼场。

——陈望道《听觉——音》

逆境令人奋斗，生长历程中发生了困难才能触动思想，引起进步。人的脑袋就是这样长大的，文明也是这样进化的。

——陶行知《中国师范教育建设论》

人生与患难有不解之缘。患难给有志者以战斗之情绪与战胜之智慧。

——陶行知《育才十字诀》

逆境能促进勤奋，能使人发愤图强、自力更生，经过艰苦奋斗而百炼成钢。

——郭沫若《天才与勤奋》

沧海横流，方显出，英雄本色。

——郭沫若《满江红·沧海横流》

在温室里培养出来的东西，不会有强大的生命力。

——毛泽东《关于正确处理人民内部矛盾的问题》

世上无难事，只要肯登攀。

——毛泽东《水调歌头·重上井冈山》

希望越浓，恐怖越来越淡，像秋天的轻云一般终于消散无存。

——叶圣陶《希望》

失败是成功的一步路。

——恽代英《怎样创造少年中国》

沿着大成功的一条路上，有许多小失败排列着，最后的成功是在能用坚毅的精神，伶俐的眼光，从这许多小失败里面寻出教训，尽量地利用他，向前猛进。

——邹韬奋《有效率的乐观主义》

有识之士在成功时是不以为自己成功的，在失败时也不以为自己是失败。只有一知半解的人才把外表的成功和失败当做绝对真实的事情。

——林语堂《生活的艺术》

命运，不过是失败者无聊的自慰，不过是懦怯者的解嘲，人们的前途只能靠自己的意志，自己的努力来决定。

——茅盾《蚀·幻灭》

环境之严苦锻炼出人才来，不是居养的舒服能培植德性的。

——傅斯年《教育改革中几个具体事件》

根下的泥滋，亦如是秽浊，却是他的实际内力的来源；等到显出鲜丽清新的花朵，人人却易忘掉他根下的污泥。

——瞿秋白《赤都心史》

灾难的结果压倒了你的意志与勇敢，那才是真的灾难，因为你更没有翻身的希望。

——徐志摩《落叶》

屈辱，痛苦，一切难于忍受的生活，我都能忍受下去！这些都不能丝毫动摇我的决心，相反的，是更加磨炼我的意志！

——方志敏《死！——共产主义的殉道者的记述》

莫道浮云终蔽日，严冬过尽春蓓蕾。

——陈毅《赠同志》

人生是时时在追求扎挣中，虽明知是幻象虚影，然终于不能不前去追求，明知是深涧悬崖，然终于不能不勉强扎挣。

——石评梅《给庐隐》

新的生活虽要开始，然而还有新的荆棘。人是要经过千锤百炼而不消溶才能真真有用。人是在艰苦中成长。

——丁玲《在医院中》

失败一定是有的，但根据失败的经验再度改进，勇敢无畏，即可纠正以至成功。

——丁玲《略谈改良平剧》

韧，是成功的基础；而失败的母亲是乏。

——柯灵《烽火两年——纪念"八一三"两周年》

树老怕空，人老怕松。不空不松，从严以终。

——华罗庚《在困境中更要发愤求进》

"失败为成功之母。"成功往往是失败的"积累"，反过来，成功也往往会成为失败的开头。

——冯英子《为廉颇喝彩》

一个人的垮，不是垮在客观压力上，而是垮在自己意志的不坚定上。

——邓友梅《说逆境》

成功的路是充满失败的路。问题并不在于"失败是成功之母"，问题在于，失败又失败之后并非既是成功，也并非最后总归是成功。有时候，失败又失败之后并非即是成功。

——王蒙《成功的路》

必须接受事实，越早接受越好，越彻底地全面地接受越好，接受逆境便是突破逆境的开始。

——刘心武《人们到处生活》

挫败使人苦痛，却很少有人利用挫败的经验修补自己的生命。这份苦痛，就白白地付出了。

——三毛《伤》

幸福就在于最大限度地穷尽人生的各种可能性，其中也包括困境和逆境。极而言之，乐极生悲不足悲，最可悲的是从来不曾乐过。

周国平《只有一个人生》

在人生中还有比成功和幸福更重要的东西，那就是凌驾于一切成败福祸之上的豁达胸怀。

——周国平《悲观·执着·超脱》

人的价值，不在于最后成功的瞬间，而在于过程，在于这全过程中艰苦的跋涉，哪怕最后是以失败告终。

——肖复兴《不惑之年的困惑》

一个农民春种夏耘。到头一场灾害颗粒无收，他也不会为此而将劳动永远束之高阁；他第二年仍然会心平气静去春种夏耘而不管秋天的收成如何。

——路遥《早晨从中午开始 ——〈平凡的世界〉创作随笔》

只要腿还能迈动，就继续迈动；即使倒下来，也应该往前爬；即使爬不动了，失败了，意识和灵魂也应该继续攀登——这是为了下一次攀登而应保持的一种精神状态。

——路遥《答〈延河〉编辑部问》

当生命以美的形式证明其价值的时候，幸福是享受，痛苦也是享受。

——史铁生《我与地坛》

困苦在任何心里都很沉重，路途在任何脚下都无止境，不屈对任何人来说都一样光荣。

——史铁生《体育·意志·信心》

每次转变，总会迎来很多不解的目光，有时甚至是横眉冷对千夫指。但对顺境逆境都心存感恩，使自己用一颗柔软的心包容世界。柔软的心最有力量。

——林清玄《心存感恩》

生活的道路，有时需要两手着地爬，滚，攀，挣扎，搏斗。

——王安忆《命运交响曲》

苦过后就不成为苦，变成一种超越苦本身的结晶。

——秦文君《十六岁少女》

无论身陷怎样的逆境，人都不应该绝望，因为前面还有许多个明天。

——汪国真《希望》

步入危崖，才会感觉到峡谷的壮美，生命在回顾中得到无限的延长。

——迟子建《昨日花束纷纷》

有匪君子，如切如磋，如琢如磨。

——《诗经·国风·淇奥》

【释义】这位才华横溢的君子，他的学识如同象牙、骨器那样经过切磋，他的品德就像玉器、石器那样经过雕琢磨砺。

祸兮，福之所倚；福兮，祸之所伏。

——〔春秋〕老子《道德经》

【释义】灾祸啊，幸福就依傍在它的身边；幸福啊，灾祸就藏伏在它里面。

岁寒，然后知松柏之后凋也。

——〔春秋〕孔子，语出《论语·子罕》

【释义】到了一年中最寒冷的季节，才会明白松树和柏树能够抵抗低温、不会轻易凋谢的特征。

君子固穷，小人穷斯滥矣。

——〔春秋〕孔子，语出《论语·卫灵公》

【释义】君子在穷途末路时还能坚守信念，小人在穷途末路时会无所不为。

生于忧患而死于安乐也。

——〔战国〕孟子，语出《孟子·告子下》

【释义】忧思祸患使人得以生存，安逸享乐使人败亡萎靡。

古之得道者，穷亦乐，通亦乐。所乐非穷通也。

——〔战国〕庄子，语出《庄子·杂篇·让王》

【释义】古时候那些得道的人，身处逆境时候也会积极乐观，身处顺境时也会乐观积极。他们的快乐与身处逆境还是困境无关。

夫哀莫大于心死，而人死亦次之。

——〔战国〕庄子，语出《庄子·外篇·田子方》

【释义】最大的悲哀莫过于心如死灰，肉体的死亡还是次要的。

舟覆乃见善游，马奔乃见良御。

——〔汉〕刘安《淮南子·说林训》

【释义】船倾覆了，才能看出谁善于游泳；马奔跑起来，才能看出谁是优秀的驭手。

古者富贵而名摩灭，不可胜记，唯倜傥非常之人称焉。

——〔汉〕司马迁《报任安书》

【释义】自古以来，享受荣华富贵却没在史书上留下名字的人不计其数，只有那些卓越超群的人才被人称道。

其为政也，善因祸而为福，转败而为功。

——〔汉〕司马迁《史记·管晏列传》

【释义】他（管仲）执政时，善于把祸患转化为福利，让失败转化为成功。

天将与之，必先苦之。

——〔汉〕刘向《说苑·谈丛》

【释义】上天在把重任降临给某人之前，一定会先让他遭受痛苦来磨炼他。

不在逆顺，以义为断；不在憎爱，以道为贵。

——〔南北朝〕范晔《后汉书·刘梁传》

【释义】不论身处顺境还是逆境，要用道义为标准作出判断；不论是憎恨还是喜爱，要把道德放在首位。

志道者，不以否滞而改图；守正者，不以莫赏而苟合。

——〔晋〕葛洪《抱朴子·外篇·广譬》

【释义】有志于大道的人，不会因为仕途阻滞而改变追求；操守正直的人，不因无人欣赏而无原则地迁就他人。

不戚戚于贫贱，不汲汲于富贵。

——〔晋〕陶渊明《五柳先生传》

【释义】不会因为贫贱而忧愁，不会热衷于做官发财。

霜中能作花，露中能作实。

——〔南北朝〕鲍照《梅花落》

【释义】（梅花）能在寒霜中开出花朵，能在寒露中结出果实。

鸟飞则能翔青云之际，矢惊则能逾白雪之岭，斯皆仍瘁以成明文之珍，因激以致高远之势。

——〔南北朝〕刘昼《刘子·激通》

【释义】鸟儿在狂风中能飞上云天，箭在射手的猛力之下能越过白雪覆盖的山岭，这都是因为压力才成就了它们，因为逆境折磨才让他们奋发有为。

刚者好断，介者殊俗。

——〔隋〕王通《中说·王道》

【释义】意志刚强的人宁折不弯，耿介正直的人不同凡俗。

疾风知劲草，板荡识诚臣。

——〔唐〕李世民《赐萧瑀》

【释义】只有经过迅疾烈风的考验，才会知道哪个是坚韧强劲的草；只有经历过社会的急剧动荡，才能分辨出谁是忠诚的大臣。

穷且益坚，不坠青云之志。

——〔唐〕王勃《滕王阁序》

【释义】处境越艰难，就越是坚忍不拔，越是不能抛弃自己的凌云壮志。

一沉一浮会有时，弃我翻然如脱屣。

——〔唐〕李颀《杂曲歌辞·缓歌行》

【释义】人生都会遇到顺境和逆境，这些其实没什么大不了的，把它们看作像脱鞋那样的平常事儿就是了。

长风破浪会有时，直挂云帆济沧海。

——〔唐〕李白《行路难》

【释义】我坚信自己乘长风破万里浪的时刻一定会到来的，到那时我一定会升起长长的征帆，渡过茫茫无垠的大海！

试玉要烧三日满，辨材须待七年期。

——〔唐〕白居易《放言五首》

【释义】检验玉石的真伪要用火烧满三天，分辨木材的好坏，要等七年以后。

胜败兵家事不期，包羞忍耻是男儿。江东子弟多才俊，卷土重来未可知。

——〔唐〕杜牧《题乌江亭》

【释义】战争的胜败即便是兵家也难以预料，但能够忍受失败和耻辱的人，才是真正的男子汉。江东的子弟人才济济，如果项羽愿意返回江东卷土重来，最终的胜败如何同样是难以预料的。

但教方寸无诸恶，狼虎丛中也立身。

——〔五代〕冯道《偶作》

【释义】只要我的心中没有邪恶的念头，就是在极险恶的环境中也能安身立命。

穷不易操，达不患失。

——〔宋〕林逋《省心录》

【释义】身处逆境时不改变自己的操守，飞黄腾达后不斤斤计较患得患失。

欲知穷悴节，宜试以霜霰。

——〔宋〕欧阳修《寄生槐》

【释义】想知道一个人在逆境中的节操，就要让他到严酷环境中接受考验。

猛虎卧草间，群鸟从噪之。

——〔宋〕王安石《寓言九首》

【释义】猛虎卧倒在草丛里，群鸟叽叽喳喳地来聒噪它。

匹夫见辱，拔剑而起，挺身而斗，此不足为勇也。天下有大勇者，卒然临之而不惊，无故加之而不怒。此其所挟持者甚大，而其志甚远也。

——〔宋〕苏轼《留侯论》

【释义】有勇无谋的人受到羞辱，会拔出宝剑，挺身上前去搏斗，这种人不足以被称为勇士。天下真正的勇者，遇到突然出现的事情毫不惊慌，无缘无故受到别人羞辱也不愤怒。这是因为他们胸怀极大的抱负，而且他们的志向非常高远。

莫听穿林打叶声，何妨吟啸且徐行。竹杖芒鞋轻胜马，谁怕？一蓑烟雨任平生。

——〔宋〕苏轼《定风波·莫听穿林打叶声》

【释义】不必在意那风雨吹打竹叶的声音，何不一边歌吟长啸一边悠然地行走。我的竹杖和草鞋轻捷得胜过骑马，有什么可怕的呢？就让我穿着这一身简陋的蓑衣，任凭风吹雨打，照样潇洒地度过我的一生。

痴人妄认逆境，平地自生铁围。

——〔宋〕范成大《自箴其一》

【释义】无知庸人荒谬地认为自己处于逆境，在他们心中平坦的地面上也生出了钢铁围墙。

一朵忽先变，百花皆后香。欲传春信息，不怕雪埋藏。

——〔宋〕陈亮《梅花》

【释义】梅花首先绽放，百花在它开放之后才发出芳香。它想向人们传递春天的消息，就不怕冰雪的压力。

砚虽非铁磨难穷，心虽非石如其坚，守之弗失道自全。

——〔宋〕文天祥《岳砚铭》

【释义】砚台虽然不是铁制的，却磨不穷尽，我心虽然不是石头却像石头那样坚守，坚守信念不失去大道自然能够达到品行的修持。

从来好事天生俭，自古瓜儿苦后甜。

——〔元〕白朴《喜春来·题情》

【释义】世间的好事从来很难顺利实现，就像瓜都是先苦后甜。

不是一番寒彻骨，争得梅花扑鼻香。

——〔元〕高明《琵琶记》

【释义】如果不是经过一番彻骨严寒的考验，梅花哪里能有扑鼻的芳香！

处顺境而知惧，遇逆境而知忧，则祸患不能及焉。

——〔明〕王达《笔畴》

【释义】身处顺境时敬畏，遭遇逆境时知道忧虑，那么祸患就不会殃及。

天下之祸不生于逆，生于顺。

——〔明〕钱琦《钱公良测语》

【释义】天下的祸患，不是在逆境中产生，而是在顺境中产生。

人须在事上磨，方立得住，方能静亦定，动亦定。

——〔明〕王阳明《传习录》

【释义】人必须在具体的事上磨炼，才能站得稳，才能做到心静时有定力，动起来也有定力。

男儿通塞宁有常，层冰之后生春阳。

——〔明〕吴承恩《杂言赠冯南淮比部谪茂名》

【释义】男子汉不论得意还是失意都处之泰然，严冬的层层冰雪融化之后就是明媚的春天。

大事难事看担当，逆境顺境看襟度，临喜临怒看涵养，群行群止看识见。

——〔明〕陈继儒《小窗幽记》

【释义】在大事、难事面前，看一个人担当精神；在逆境、顺境面前，看一个人的胸襟气度；面对欢喜或愤怒的情绪，看一个人的涵养水平；在人群当中的行为举止，看出一个人的见识高度。

众人以顺境为乐，而君子乐自逆境中来；众人以拂意为忧，而君子忧从快意处起。盖众人忧乐以情，而君子忧乐以理。

——〔明〕洪应明《菜根谭》

【释义】普通人以处在顺境中获为快乐，而君子却能从逆境中得到快乐；普通人因不称心如意而忧虑，君子却能从快乐的时候开始担忧。这是因为普通人的忧乐受情绪左右，而君子的忧乐则是出于理智。

劝君失意归莫急，荆璞岂信世低昂。

——〔清〕孔尚任《长留集·送解琢章下节还劳山兼致石民先生》

【释义】劝你在失意时不要心灰意冷，宝玉怎么会听凭世人的褒贬呢？

患难之来，当以心制境，不当以境役心，处处体认，则顺境反不若逆境之受益矣。

——〔清〕顾有孝《与吴汉槎书》

【释义】当患难来临之时，要用精神克服处境的恶劣，而不受环境的左右，并处处认真体悟，那么处逆境反而比处顺境得到更大的好处。

千磨万击还坚劲，任尔东西南北风。

——〔清〕郑板桥《竹石》

【释义】经历了千万次的摧折击打它依然坚强刚劲，任凭你东西南北风狂吹乱刮吧！

君子遇失意，为人必有所进；小人遇失意，为人必有所退。

——〔清〕恽敬《言事·与余铁香》

【释义】君子遇到失意的事情，他的为人必然会有进步；小人遇到失意的事情，他的为人必然会有退步。

不能忍，则不足以任败；不任败，则不足以成事。

——〔清〕辛启泰《稼轩集钞存·九议其二》

【释义】不能忍受一时的挫折，就无法经受失败的考验；经受不住失败的考验，就无法成就事业。

处逆境心，须用开拓法；处顺境心，要用收敛法。

——〔清〕金缨《格言联璧·存养类》

【释义】身处逆境时，思想要开拓通达，奋发有为；身处顺境时，就要动用收敛言行的办法约束自己。

逆境长存戒心，故以之成君子；顺境易生放心，故以之陷小人。

——〔清〕申居郧《西岩赘语》

【释义】身处逆境的人，会常有谨慎戒备的心理，所以容易成为君子；身处顺境的人，容易产生放纵任性的心理，所以容易成为小人。

凡事皆有极困难之时，打得通的，便是好汉。

——〔清〕曾国藩《曾国藩家书》

【释义】什么事情都会有特别困难的时候，能够战胜困难的，就是好汉。

事之大者，必经险难。

——〔古希腊〕苏格拉底，语出柏拉图《理想国》

逆境使人头脑清醒，明白必须做什么事情；顺境却容易令人得意忘形，偏离冷静的思考和可靠的判断。

——〔古罗马〕加图《为洛迪安人申辩》

不幸时满怀希望，顺利时小心谨慎。

——〔古罗马〕贺拉斯《颂诗集》

许多从表面上看来是倒霉的事情，实际上却是值得高兴的事情，只要是当事者坚定勇敢地忍受他们的厄运的话。

——〔古罗马〕塔西佗《编年史》

在不幸时，要充满希望，因为祸事中往往隐藏着福音，就像福运中也蕴含着不幸一样。

——〔古波斯〕昂苏尔·玛阿里《卡布斯教诲录》

采珠人如果被鳄鱼吓住，怎能得到名贵的珍珠？

——〔古波斯〕萨迪《蔷薇园》

只要能够得到圆满的结果，何必顾虑眼前的挫折。

——〔英国〕莎士比亚《终成眷属》

逆运也有它的好处，就像丑陋而有毒的蟾蜍，它的头上却顶着一颗珍贵的宝石。

——〔英国〕莎士比亚《皆大欢喜》

应当像把握健康那样把握命运：当它是好运时就享用；当它是厄运时就忍耐，若非极其必需，决不要做重大改变。

——〔法国〕拉罗什福科《道德箴言录》

不要让痛苦使你背离你已经开始的、值得赞美的事业。谁只要能坚持到底，他便是有福的。

——〔德国〕格里美尔斯豪森《痴儿西木传》

对勇敢的真正考验，就是处在危险境况时。

——〔法国〕拉·封丹《猎人和狮子》

大海越是布满着暗礁，越是以险恶出名，我越觉得通过重重危险去寻求不朽是一件赏心乐事。

——〔法国〕拉美特里《心灵的自然史》

困厄无疑是个很好的老师；然而这个老师索取的学费很高，学生从他那里所得到的时常还抵不上所缴的学费。

——〔法国〕卢梭《漫步遐想录》

不幸的遭遇可以增长人的见解，改善人的心地，锻炼人的体质，使一个青年能够担当起生活的责任，同时能够知道怎样享受人生，这是在富裕的环境中所受的教育万万不能达到的。

——〔英国〕斯末莱特《蓝登传》

有人问鹰："你为什么到高空去教育你的孩子？"鹰回答说："如果我贴着地面去教育他们，那它们长大了，哪有勇气去接近太阳呢？"

——〔德国〕莱辛《莱辛寓言》

我的心才是我唯一的骄傲，唯有我的心才是我一切力量、一切幸福和一切痛苦的源泉。

——〔德国〕歌德《少年维特的烦恼》

流水在碰到抵触的地方，才把它的活力解放。

——〔德国〕歌德《上帝、心情和世界》

有时一个人受到厄运的可怕打击，不管这厄运是来自公众或者个人，倒可能是件好事。

——〔德国〕歌德《歌德的格言和杂感集》

当你在这个世界上还有快乐可寻的时候，万不可走绝路，否则不久你也许会觉醒，那时后悔就太迟了。

——〔德国〕席勒《强盗》

卓越的人一大优点是：在不利与艰难的遭遇里百折不挠。

——〔德国〕贝多芬《我将扼住命运的咽喉》

只要人长着两只脚，他就有跌倒的时候。

——〔法国〕克莱斯特《破瓮记》

西风啊！冬天已经来到，春天还会很远吗？

——〔英国〕雪莱《西风颂》

心啊，我的心，不要苦恼，你要忍受命运的打击。冬天夺走的东西，新春又会还给你。

——〔德国〕海涅《还乡集》

假如生活欺骗了你，不要忧郁，也不要愤慨！不顺心时暂且克制自己，相信吧，快乐之日就会到来。

——〔俄国〕普希金《假如生活欺骗了你》

苦难对于天才是一块垫脚石，对能干的人是一笔财富，对弱者是一个万丈深渊。

　　　　　　　　——〔法国〕巴尔扎克《赛查·皮罗多盛衰记》

一个人如果从来没有参观过痛苦的展览所，那么他只看见过半个宇宙。正如海洋的盐水盖满了地面的三分之二以上，忧伤也同样地侵蚀人的幸福。

　　　　　　　　　　　　——〔美国〕爱默生《悲剧性》

你听说过得到胜利是很好的，是么？我告诉你失败也很好，打败仗者跟打胜仗者具有同样的精神。

　　　　　　　　　　　　——〔美国〕惠特曼《自己之歌》

谁能把生死置之度外，他就会成为新人；谁能战胜痛苦和恐惧，他自己就能成为上帝。

　　　　　　　　　——〔俄国〕陀思妥耶夫斯基《群魔》

勇敢者是到处有路可走的。

　　　　　　　——〔俄国〕陀思妥耶夫斯基《二重人格》

在幸福中，胆小鬼也可能成为勇敢的人，但只有甚至在失败的时候也高昂着头的大丈夫和英雄才能成为胜利者。

　　　　　　　　　　　　——〔匈牙利〕裴多菲，语出
　　　　　　《一八四九年一月九日，德布勒森回忆贝姆将军》

忍耐和时间是我的勇士和英雄。

——〔俄国〕列夫·托尔斯泰《战争与和平》

历史的道路不是涅瓦大街上的人行道。它完全是在田野中行进的，有时穿过尘埃，有时穿过泥泞，有时横渡沼泽，有时行经丛林。

——〔俄国〕车尔尼雪夫斯基，语出《车尔尼雪夫斯基》

任何人只要为了避免掉进生活中的种种陷阱而战斗，并且心里明白当天的战斗并不是最后的决战，因而总是在后面留一道可以退到安全地带的桥梁，那么他就可以放胆去做他要做的事。

——〔挪威〕易卜生《培尔·金特》

一颗无畏的心往往能帮助一个人避免灾难。

——〔意大利〕乔万尼奥里《斯巴达克思》

人生当中本有许多逆境；并且，那也许不会太长。

——〔法国〕莫泊桑《俊友》

经过无数次接连不断的挫折和失败，理智终于获得成功。这是使人对人类的未来抱乐观态度的少数论之一，但它本身却是一个十分重要的论点。人们还可以由此获得其他希望。

——〔奥地利〕弗洛伊德《一个幻觉的未来》

顺境也好，逆境也好，人生就是一场对种种困难的无尽无休的斗争，一场以寡敌众的斗争。

——〔印度〕泰戈尔《沉船》

人生是艰苦的。对不甘于平庸凡俗的人，那是一场无日无夜的斗争，往往是悲惨的、没有光华的、没有幸福的、在孤独与静寂中展开的斗争。

——〔法国〕罗曼·罗兰《〈名人传〉序》

每个创伤上面都标志着前进的一步。

——〔法国〕罗曼·罗兰《母与子》

一个温存的目光，一句由衷的话语，能使人忍受生活给他的许多磨难。

——〔苏联〕高尔基《梦》

不幸可以提供意想不到的可能，使人认识生活。

——〔德国〕亨利希·曼《亨利四世》

生活中有了这种精神——意在创造而非索取的精神，那么就会有一种根本的快乐，即不会被逆境所完全掠夺的快乐。

——〔英国〕罗素《真与爱》

一个人要是跌进水里，他游泳游得好不好是无关紧要的，反正他得挣扎出去，不然就得淹死。

——〔英国〕毛姆《月亮和六便士》

不识愁苦滋味的人终生是幼稚的赤子。

——〔德国〕托马斯·曼《布登勃洛克一家》

除了通过黑夜的道路,人们不能到达黎明。

——〔黎巴嫩〕纪伯伦《沙与沫》

我的失败,我的挫折!你是我不灭的勇气!你与我一道笑迎风暴,你与我一道挖掘墓穴,你与我一道挺立在太阳光下,你与我一道担惊受怕。

——〔黎巴嫩〕纪伯伦《心声集败兮胜所伏》

人不是为失败而生的,一个人可以被毁灭,但不能给打败。

——〔美国〕海明威《老人与海》

钢是在烈火里燃烧、高度冷却中炼成的,因此它很坚固。我们这一代人也是在斗争中和艰苦考验中锻炼出来的,并且学会了在生活中从不灰心丧气。

——〔苏联〕奥斯特洛夫斯基《钢铁是怎样炼成的》

漫长的人生中,谁都有或大或小的失败和挫折。但似乎可以说,只要不致葬送性命,就决无从此一蹶不振的失败和挫折。

——〔日本〕池田大作《青春寄语》

因一次两次失败而气馁,实在是愚蠢的。

——〔日本〕池田大作《青春寄语》